Wie erkenne ich Gotische Kunst?

Gondrom

Inhalt

Genehmigte Sonderausgabe für Gondrom Verlag
GmbH & Co. KG, Bindlach 1991

Autor: Maria Christina Gozzoli
Idee: Harry C. Lindinger
Gestaltung: Gerry Valsecchi
Zeichnungen: Fulvio Cecchi
Deutsche Bearbeitung: Gerd Betz
Titel der Originalausgabe:
Come riconoscere l'arte gotica
ISBN 3-8112-0749-0

Einführung

Im Mittelalter vollzogen sich in Europa zwischen dem 12. und 15. Jahrhundert entscheidende wirtschaftliche und gesellschaftliche Veränderungen. Das Christentum bestimmte das Weltbild, das wirtschaftliche Wachstum gab den Bürgern der aufstrebenden Städte zuvor ungeahnte Entwicklungsmöglichkeiten und ein neues Selbstbewußtsein. Der bestimmende Stil dieser Epoche war die *Gotik.*

Es läßt sich nicht mit letzter Sicherheit sagen, woher die Bezeichnung „Gotik" eigentlich stammt, denn die historisch nachweisbaren Goten waren ursprünglich ein skandinavischer Volksstamm, der im Lauf seiner ausgedehnten Wanderungen kaum die Gelegenheit hatte, eine bedeutende Architektur hervorzubringen. Zudem verlor sich ihr Volkstum großenteils schon in den Wirren der Völkerwanderungszeit, so daß ihr unmittelbarer Einfluß auf die Kunst des Mittelalters nach heutiger Erkenntnis nicht anzunehmen ist.

Vielmehr ist es wahrscheinlich, daß die Humanisten der italienischen Renaissance, die wieder allein das Vorbild der römischen Antike gelten lassen wollten, den Begriff „gotisch" als synonym mit „barbarisch" verstanden. Alles was an Kunst zu ihrer Zeit nördlich der Alpen hervorgebracht wurde und von dorther zu ihnen kam, war in diesem Sinne für sie gotisch.

Der Begriff *Gotik* hat sich jedoch in neuerer Zeit als einwandfreie Stilbezeichnung durchgesetzt. In der Architektur sind die ersten gotischen Bauwerke in dem fruchtbaren Gebiet rings um Paris entstanden, das als *Ile de France* bekannt ist. In dieser Region gibt es einen Kalkstein zum Bauen, der sich sowohl gut bearbeiten läßt, als auch dauerhaft ist. Zwischen 1140 und 1144 wurde in *St. Denis* bei Paris von einem unbekannten Baumeister, der als „Urheber" des gotischen Baustils gelten kann, der Chor der Abteikirche neu errichtet. Seit dieser Zeit wetteiferten die Städte Frankreichs miteinander, ihre großen *Kathedralen* in eben dieser Gotik neu zu erbauen oder zu erweitern. Von der Ile de France aus hat sich die Gotik dann relativ rasch über ganz Europa verbreitet. Es bestanden traditio-

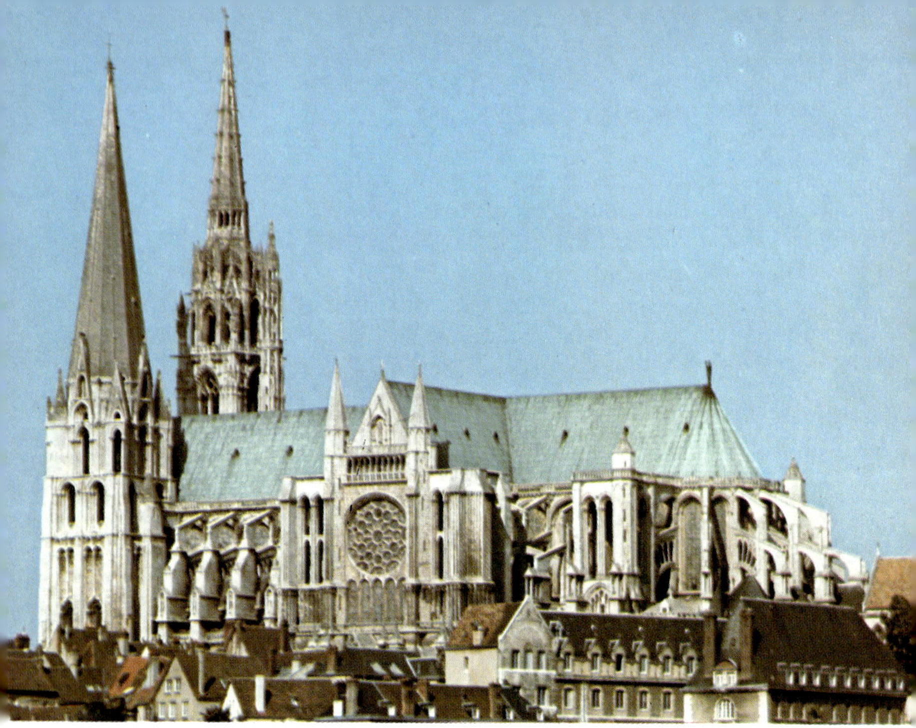

▲ Die gotische Kathedrale *Notre Dame in Chartres* wurde zwischen 1194 und 1260 erbaut. Durch ihre Lage auf einem Hügel beherrscht sie die Stadt und die Landschaft. Die gotische *Kathedrale* ist das Herz der dicht gebauten gotischen Stadt. Sie ist ein Sinnbild des „Himmlischen Jerusalem“ und der christlichen Weltordnung.

nelle Verbindungen zwischen *Frankreich* und *England*, und der französische Baumeister Wilhelm von Sens begann seine Tätigkeit an der Kathedrale von *Canterbury* im Jahr 1174. Auch in *Deutschland*, in *Skandinavien* und in *Osteuropa* wurde der gotische Stil übernommen, ebenso gewann er in *Spanien* und in *Italien* an Boden, doch wurden hier Einflüsse lokaler Bautraditionen verarbeitet.

Es bildeten sich nicht nur regionale Unterschiede zwischen den einzelnen Ländern heraus, sondern ebenso Stilunterschiede der einzelnen Generationen. In *England* z. B. lassen sich die Entwicklungsphasen des gotischen Stils von *Early English* und *Middle English* über den *Decorated Style* bis zum *Perpendicular Style* unterscheiden, und ebenso sind in der *Deutschen Gotik* die Phasen der *Frühgotik, Hochgotik, Spätgotik* klar erkennbar.

Die Gotik war eine Blütezeit der Künste. Der gotische Stil prägte daher – neben der *Architektur* – ebenso die *Bildhauerei* und die *Malerei*, sowie zahlreiche Gebiete des *Kunsthandwerks* wie die *Glasmalerei, Buchmalerei, Teppichwirkerei, Goldschmiedekunst.*

▶ Der *Tower von London* wurde zwischen 1086 und 1097 erbaut und im Lauf der Zeit wiederholt verändert und erweitert. *Befestigungen* waren in gotischer Zeit für Städte und Burgen lebenswichtig. Es wurden unterschiedliche Systeme entwickelt. Das Kernstück des Tower (Turm) wurde mit einer dreizehntürmigen Ummauerung umgeben, acht weitere Türme und der Wallgraben kamen hinzu, im Streben nach sichtbar vergrößerter Herrschaft und Verteidigungsbereitschaft.

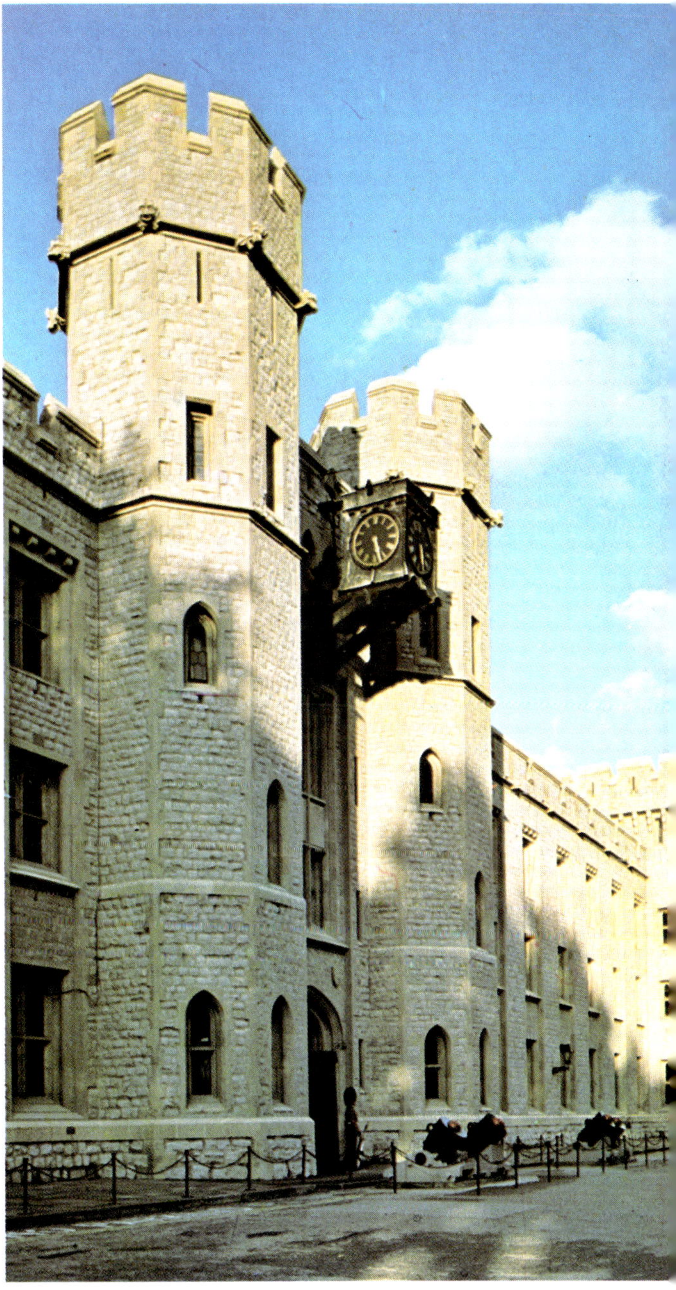

Die Architektur

Drei Hauptquellen speisten die Entstehung der gotischen Kathedralen: Erstens bestand ein ursprüngliches Verlangen nach Verherrlichung des christlichen Glaubens. Zweitens wetteiferten die Bischöfe und wohlhabenden Bürger miteinander, ihre Städte zum Erstaunen aller Welt mit weithin sichtbaren Kirchen zu schmücken. Drittens verhieß die mittelalterliche Glaubenslehre, daß man Gott nicht nur durch Frömmigkeit dienen könne, sondern ebenso durch „gute Werke".

▶ Bei zahlreichen gotischen Kathedralen ist das *Mittelportal* im Westen etwas höher als die beiden seitlichen und eine große *Fensterrose* beherrscht die Mitte der *Fassade*. Die Maßverhältnisse der einzelnen Geschosse und Bauteile stehen in einem wohlüberlegten Verhältnis. Die sich nach oben verjüngenden Türme betonen den gotischen Höhendrang.

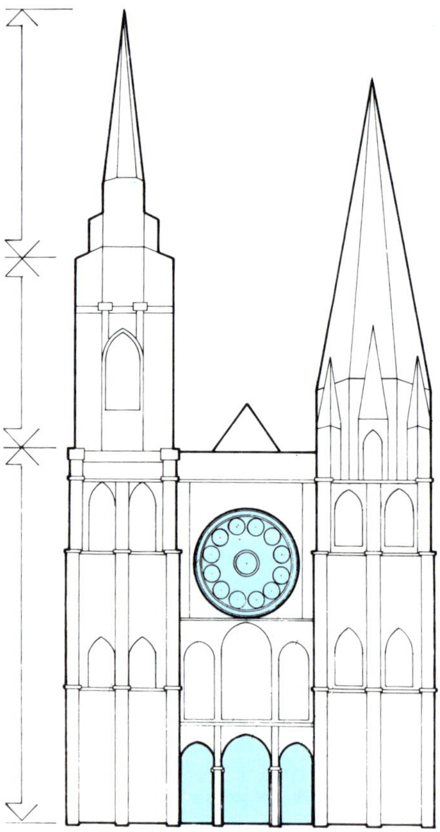

Die Architektur der gotischen *Kathedrale* wurde von diesen Bestrebungen geprägt. Ihr Höhendrang kann als Verkörperung des gläubigen Strebens zu Gott verstanden werden. Bereits in der Romanik hatten die Baukunst und die Bildhauerei einen hohen Rang erreicht, und so fehlte es nicht an den technischen Voraussetzungen zur Verwirklichung einer neuen Baugesinnung, die sich bis ins letzte Baudetail auswirkte.

Das neue Bauen der *Gotik* entwickelte zahlreiche technische Neuerungen: vor allem das *Kreuzrippengewölbe*, den gotischen *Spitzbogen* anstelle des romanischen Rundbogens, die *Strebepfeiler* und *Strebebogen*.

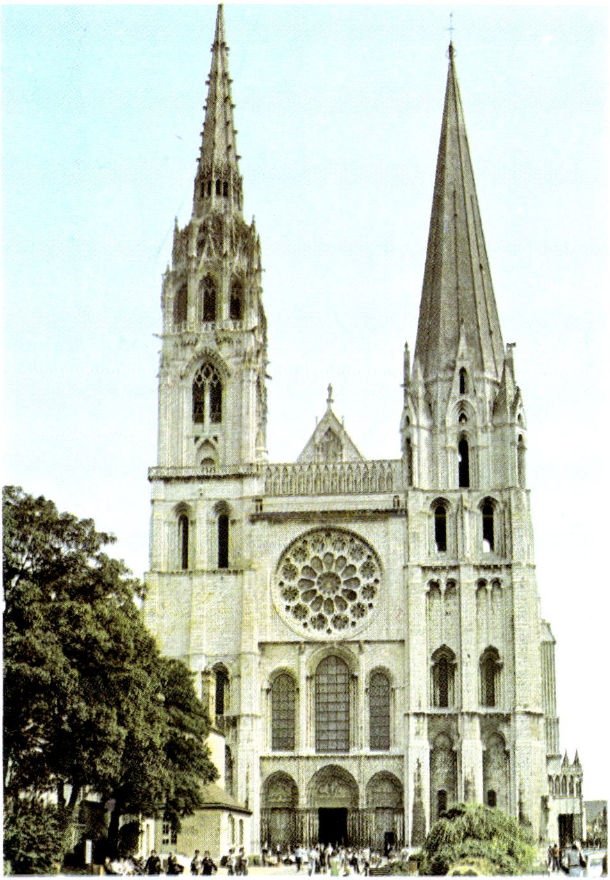

▶ Westansicht der *Kathedrale von Chartres*. Die beiden Türme unterscheiden sich in der Bauweise. Der Nordturm, links, wurde 1134 begonnen, während sein spätgotisch verästelter Aufsatz aus dem früheren 16. Jahrhundert stammt. Er hat eine Gesamthöhe von 115 m. Der geschlossenere Südturm, 1145 begonnen, ist insgesamt 106 m hoch, sein Helm mißt 45 m.

▶ Die *Chorapsis der Kathedrale Notre Dame zu Paris* wurde 1163 begonnen und im 13. Jahrhundert vollendet. Das dünne *Strebewerk*, das außen den Gewölbedruck auffängt, bildet ein kompliziertes, raumhaltiges Gefüge.

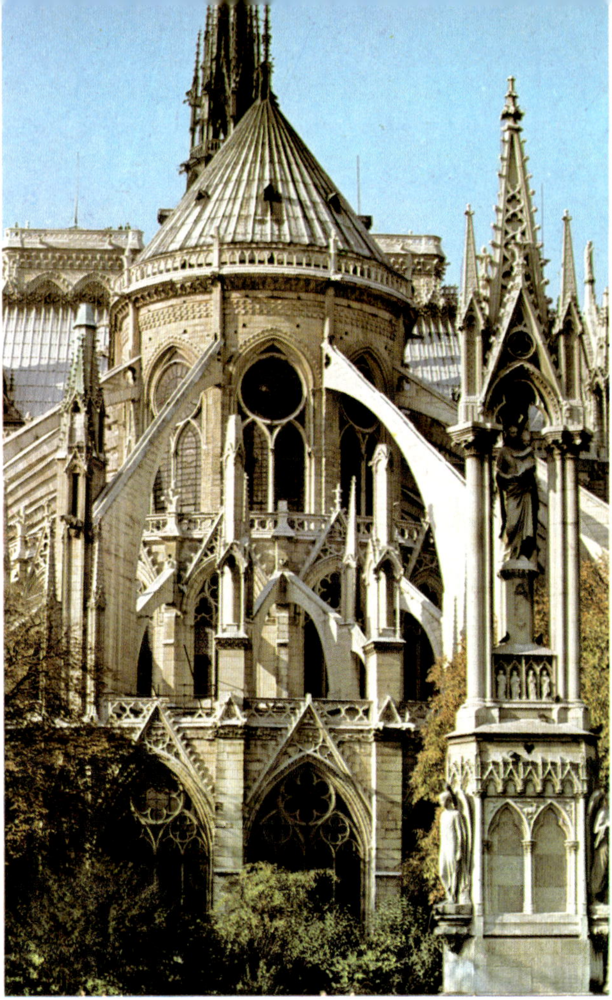

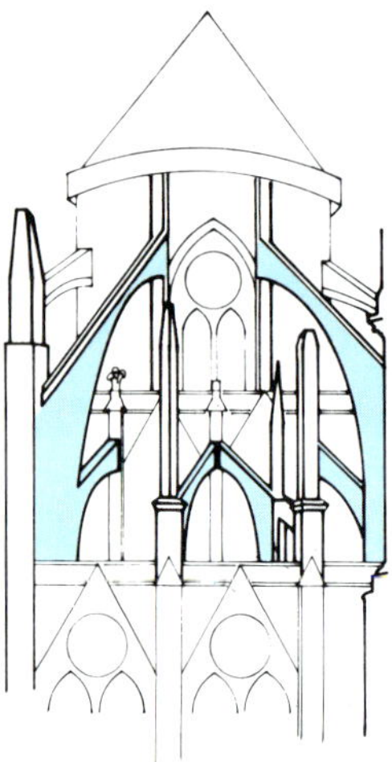

▲ Die *Strebebogen* der gotischen Kathedrale haben trotz ihrer scheinbaren Leichtigkeit eine wichtige statische Funktion. Sie leiten den Seitenschub der Gewölbe des Bauwerks als äußere Klammern nach außen zu den *Strebepfeilern* ab, die ein Widerlager bilden.

Die *romanische Baukunst* hatte schwere, kubische Formen und quadratische Proportionen bevorzugt sowie den Rundbogen. Der *gotische Spitzbogen* dagegen ließ größere Variationsmöglichkeiten zu, da er sich weiter oder enger konstruieren läßt: „Technisch gesehen bedeutet er die Möglichkeit, *Kreuzgewölbe* und *Schirmgewölbe* – über Apsiden – zu konstruieren, wobei die Scheitel der Diagonalbogen mit den Scheiteln der Gurt- und Schildbogen in gleiche Höhe zu liegen kommen. Künstlerisch erlaubt er, gleiche Jochbreite mit verschiedener Scheitelhöhe und verschiedene Jochbreiten mit gleicher Scheitelhöhe zu verbinden“ (F. Deuchler).

Die gotischen Architekten, die nach neuen Verfahren suchten, um ihren Bauwerken eine größere Höhe und größere Fensterflächen zu geben, begnügten sich nicht mit dem herkömmlichen Kreuzgratgewölbe, sondern sie entwickelten ein variables *Baldachinsystem* mit schlanken Stützen und *Kreuzrippengewölben.*

Da das Kreuzrippengewölbe den Druck sowohl nach den Seiten als auch nach unten ausübt, und die Wände durch die gotischen Fensterflächen weitgehend aufgelöst wurden, mußte der Schub durch die *Strebepfeiler* und *Strebebogen* aufgefangen und abgeleitet werden. Die revolutionäre gotische Bauweise ermöglichte die Ableitung der Last der architektonischen Elemente vom *Schlußstein* der Wölbung an über die *Rippen* und *Pfeiler* auf die *Stützkonstruktion* am *Außenbau* des Gebäudes.

Die Schwerelosigkeit und kühne Eleganz der gotischen Kirchen beruht nicht zuletzt auf der meisterlichen Ergänzung von Innen und Außen. Betrachten wir das Äußere

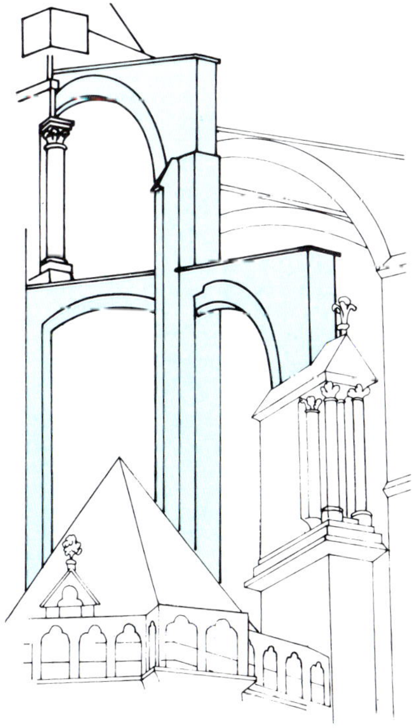

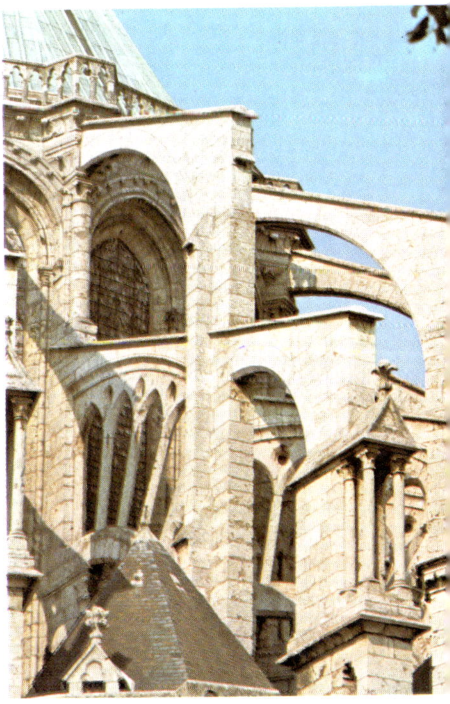

▼ *Strebewerk an der Kathedrale von Chartres.* Die wie Brückenbogen gebauten *Strebebogen* verbinden den Baukörper mit den äußeren *Strebepfeilern.* Die übereinander gelagerten Stockwerke der Strebebogen tragen dazu bei, den Seitenschub der Gewölbe gleichmäßig nach unten abzuleiten.

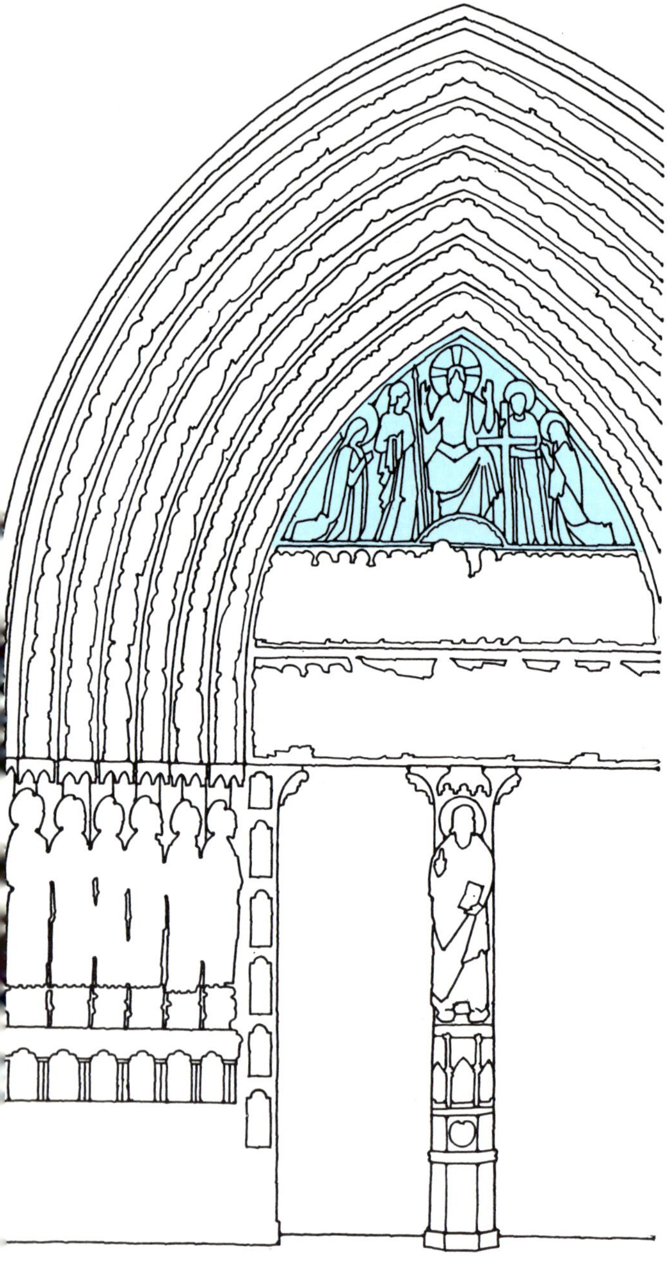

◀ *Christus als Weltenrichter* beherrscht dieses *Tympanon* über dem Hauptportal. Christus thront zwischen Maria und dem hl. Johannes sowie zwei Engeln mit seinen Leidenswerkzeugen. Der ganze zur Verfügung stehende Platz ist mit Szenen des Jüngsten Gerichts dicht gefüllt. Am *Mittelpfeiler, Trumeau,* steht eine Christusstatue.

▶ Das *Hauptportal* am Westeingang der *Kathedrale Notre Dame zu Paris* ist als *Portal des Jüngsten Gerichts* bekannt. Die Skulpturen entstanden um 1220. Dieses Portal ist ein typisches Beispiel für die harmonische Verbindung von Architektur und Skulptur in der Gotik. Die seitlichen *Portalskulpturen* stehen schräg zum Eingang hin ausgerichtet. Der Skulpturenschmuck setzt sich über dem Portal in den *Archivolten* fort. Engel und Heilige der Himmlischen Heerscharen sind hier als Glaubenszeugen dargestellt, wie seitlich vom Eingang die Statuen der Apostel.

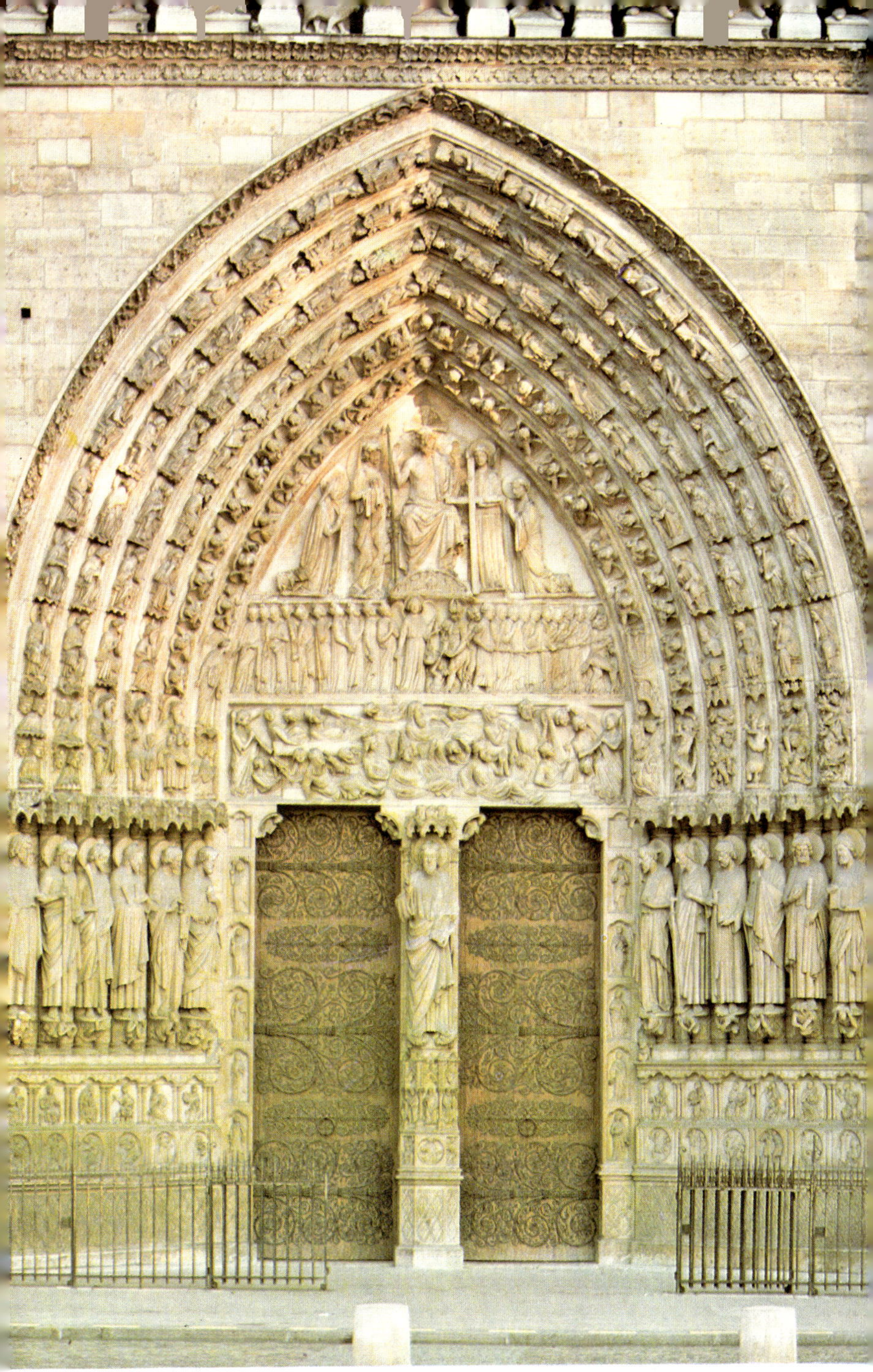

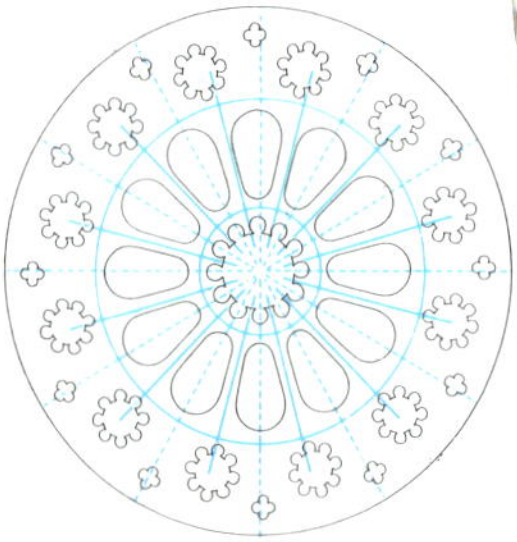

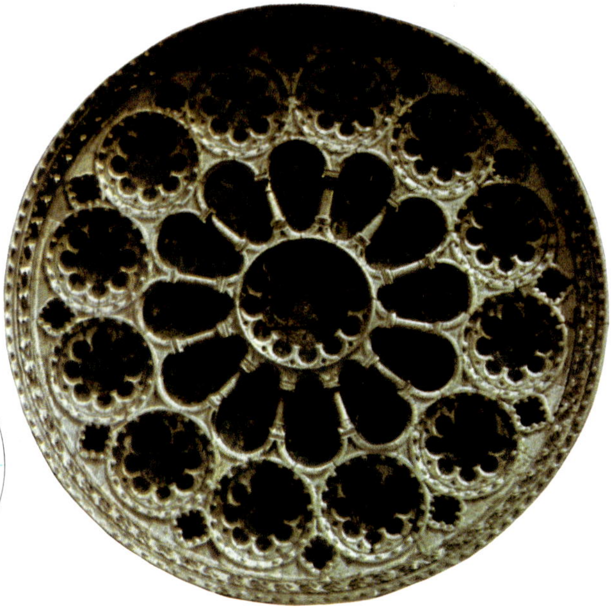

▲ ▶ Außenansicht der großen *Fensterrose der Westfassade der Kathedrale von Chartres*. Das Fenster ist mit dem Zirkel in drei konzentrische Kreise gegliedert. Die Unterteilung besteht wiederum aus kreisförmig gemustertem *Maßwerk*. Die streng geometrische Gliederung betont die Gesetzmäßigkeit der Zentralkomposition.

der gotischen Kathedrale, so sehen wir unmittelbar das System der Konstruktion, des Zusammenhangs, des Aufstrebens und Ableitens der Kräfte. Beim Umschreiten überzeugt uns die Klarheit der Gliederung und das System der Strebepfeiler und -bogen, die Kühnheit der sich nach oben verjüngenden Türme. Da der Schub der Gewölbe meisterlich nach außen abgeleitet ist, herrscht im Innern der Kathedrale der Eindruck überirdischer Schwerelosigkeit. Die schlanken Proportionen, die steil aufschießenden Vertikalen – die Pfeiler, Säulen und Spitzbogen, die aufgelösten Wandflächen, durch deren Fenster überirdische Farbenglut eindringt, die entrückten Skulpturen, tragen zu dieser überwältigenden Gesamtwirkung bei.

Die Tatsache verdient Beachtung, daß die gewaltigen gotischen Kathedralen, wie sie in Reims oder Chartres, in Paris, Amiens, Beauvais oder in Straßburg, Freiburg, Ulm, Wien oder Prag und überall sonst in Europa gebaut wurden, in generationenlanger Arbeit und unter riesigen Opfern entstanden.

Die Religion des Mittelalters schätzte einleuchtende *Sym-*

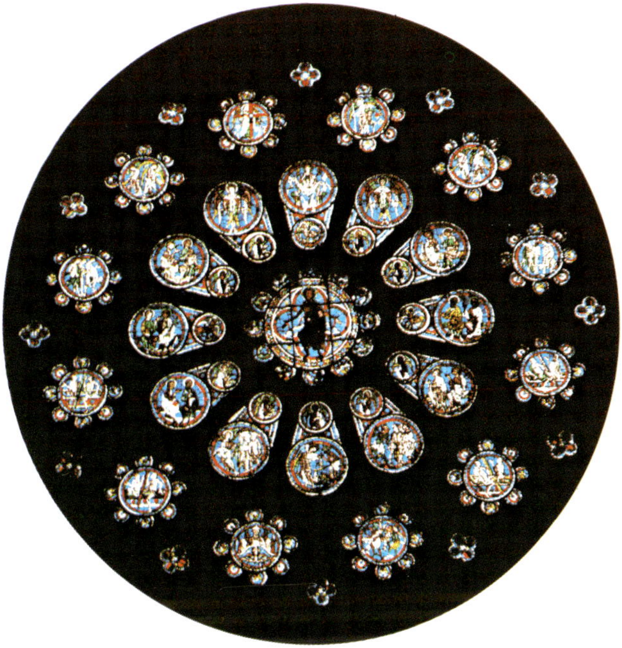

▶ Innenansicht der großen *Fensterrose der Westfassade der Kathedrale von Chartres*. Der Haupteffekt kommt durch die farbig leuchtenden Glasfenster zustande. Die Rose wurde zwischen 1210 und 1220 geschaffen, als die Kathedrale nach dem Brand von 1194 wieder aufgebaut wurde. Die vollkommene Kreisform der Rose hat symbolische Bedeutung.

bole. In ihrer Standardform hat die gotische Kathedrale einen *Grundriß* in Form des christlichen Kreuzes, dessen Hauptrichtung sich von West nach Ost erstreckt. Der Osten ist dabei eine geheiligte Himmelsrichtung, dort liegt im Heiligen Land Jerusalem, die Stätte des Wirkens und der Auferstehung Christi.

Die *gotische Kathedrale* besteht aus drei Hauptteilen: dem *Langhaus*, dem *Querhaus* (*Transept*), dem *Chor*. Das *Mittelschiff* des Langhauses ist dabei höher als die flankierenden *Seitenschiffe*. Es wird von ihnen durch *Spitzbogenarkaden*, die auf Bündeln von Säulen und Halbsäulen ruhen, getrennt. Der Blick in die Höhe eines gotischen Kathedralgewölbes ist atemberaubend. Zum Teil ist dieser Effekt der tatsächlichen Höhe des Mittelschiffs zuzuschreiben (Notre Dame in Paris ist 35 m hoch, Reims 38 m, Amiens 42 m). Ebenso spielen die Proportionsverhältnisse von Breite zu Höhe des Mittelschiffes eine Rolle, denn dafür gibt es statisch bedingte Grenzen. In *Chartres* ist das Verhältnis 1 : 2,6, in *Notre Dame* zu *Paris* 1 : 2,75, beim *Kölner Dom* 1 : 3,8. In *Beauvais* führte im Jahr 1272

das übersteigerte Höhenstreben zu einer Gewölbehöhe von 47,5 m, dem schon 1284 der Einsturz folgte.
Der kürzere, querliegende Teil des Kreuzes, das *Querhaus* oder *Transept,* trennt das *Langhaus* vom *Chor.* Das Transept war üblicherweise in drei Schiffe gegliedert und sprang an beiden Seiten etwas über das Langhaus vor. Das Querhaus der gotischen Kathedrale hat eine eigene Nord- bzw. Südfassade, die häufig – wie die Hauptfront im Westen – von Türmen flankiert ist. Entscheidend tragen zum Eindruck des Außenbaus die reich mit Skulpturen geschmückten *Portale* bei. Die *Kathedrale von Chartres* z. B. hat neun Zugänge: drei an der Hauptfront im

▶ Die italienische Gotik brachte regionale *Sonderformen* hervor. In der *Spätgotik* des 15. Jahrhunderts ist die gotische Spitzbogenform gedrungener und breiter geworden. *Venedig*, das die Gotik des Nordens aufnahm, verarbeitete zugleich orientalische Schmuckformen.

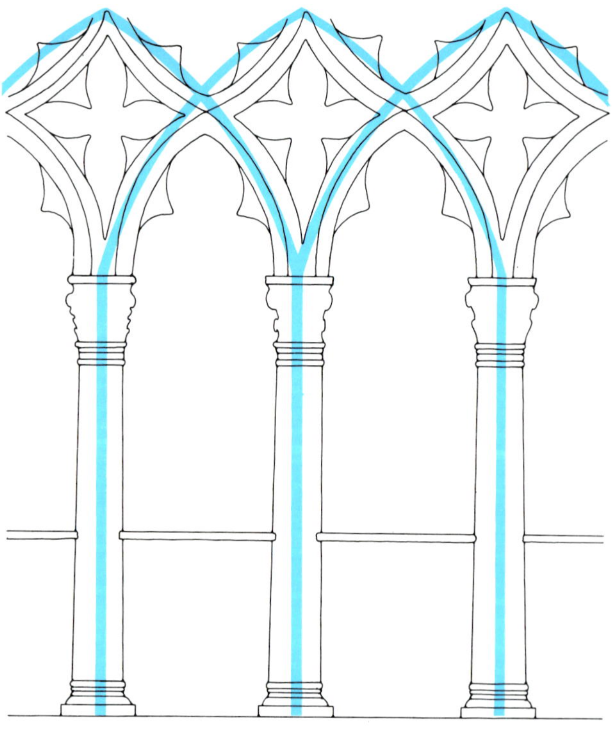

Westen sowie je drei an der Nord- bzw. Südfassade des Transepts. Der *Chor* der gotischen Kathedralen wurde durch den inneren *Chorumgang* und die nach außen vorspringenden *Chorkapellen* bereichert.
Die gotische Konstruktionsweise, die den Gewölbeschub nach außen ableitet, gab die Möglichkeit, die Wand als Stütze einzusparen. An die Stelle massiver Wände konnten nun durch dünne Stäbe und Maßwerk gegliederte Fensterflächen treten. Dieses spezifisch gotische *Maßwerk* bot den Rahmen für die einzigartige gotische *Glasmalerei.*
Würden von einer gotischen Kirche die Wände entfernt, so könnten doch die tragenden Bauteile, die Pfeiler, Rip-

▶ Detail der oberen Loggia des Palastes *Ca' d'Oro in Venedig*. Venedig unterhielt lebhafte Handelsbeziehungen zum Orient. Daraus erklärt sich auch die Vermischung der gotischen Formen mit orientalischer Ornamentik. Das Bauwerk entstand zwischen 1421 und 1436.

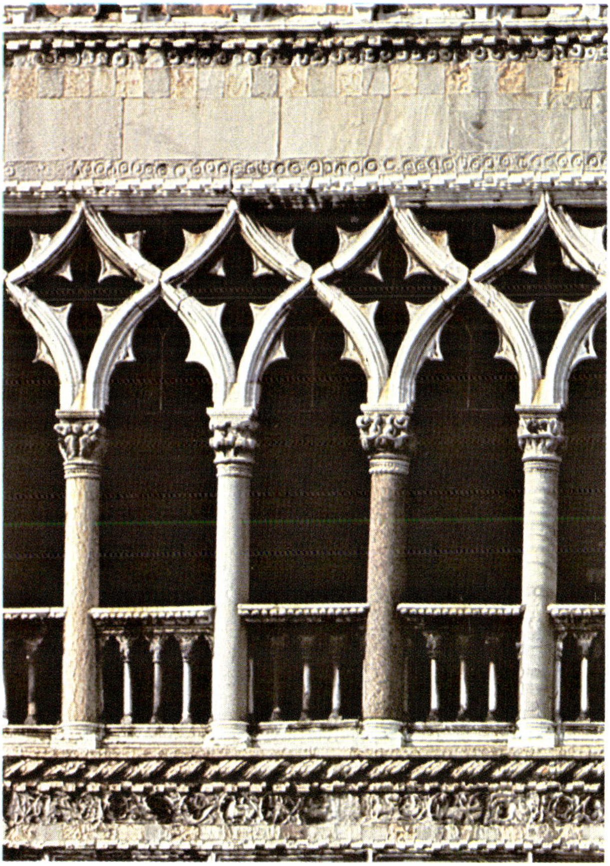

▶ Das Fehlen jeglicher Dekoration läßt das Skelett dieser *gotischen Wölbung* aus dem 13. Jahrhundert besonders deutlich erkennen. Jeder Gurtbogen beginnt auf dem Kapitell einer der Wand vorgelegten Halbsäule und bestimmt sowohl die Wölbung als auch die *Rippen*, die deren Gewicht tragen und sie in dreieckige sphärische *Kappen* teilen.

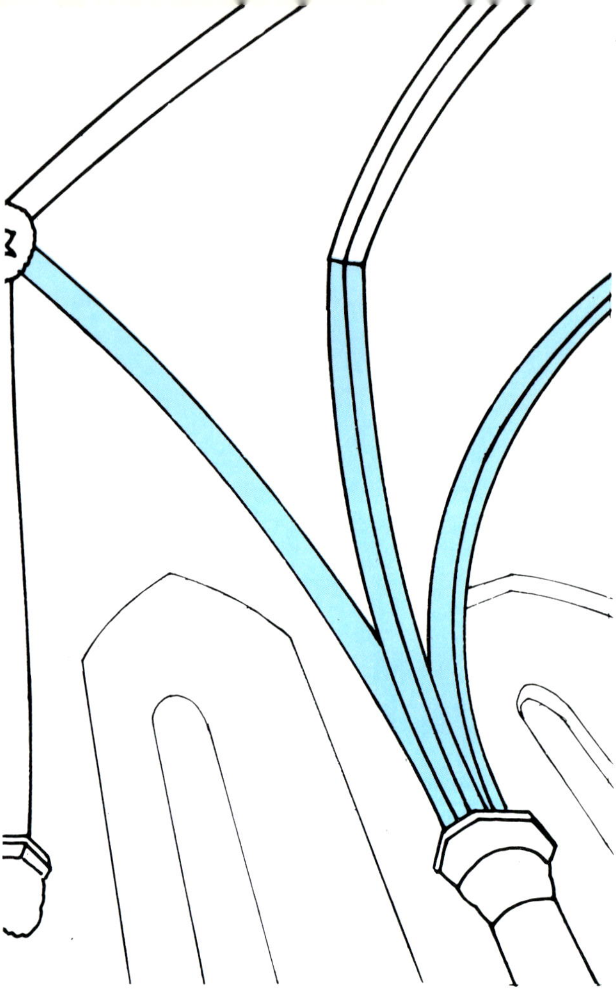

pengewölbe und das Strebewerk intakt bleiben – im Gegensatz etwa zum modernen Betonbau –, da das Entscheidende eines gotischen Bauwerks seine baldachinartig sich selbst tragenden Konstruktionselemente sind. Im *Innern* der gotischen Kathedrale bemerkt man kaum die Wände. Zu beiden Seiten des Mittelschiffs ragen die Säulenbündel und die Spitzbogenarkaden auf. Über der Arkadenzone folgt am *Obergaden* eine schmale Galerie, das *Triforium*. Es öffnet sich gegen das Mittelschiff mit einer Spitzbogenstellung, die meist dreigeteilt ist. Häufig liegt das Triforium höher als die Seitenschiffdächer, dann ist auch seine Außenwand als zusätzliche Lichtquelle durchbrochen.

▶ Die *Gotik* war ein international verbreiteter Stil mit einheitlichen Grundprinzipien und zahlreichen Sonderformen. Details des Gewölbes der *Synagoge von Prag*, um 1270. In der Sparsamkeit der Formen und dem Verzicht auf Dekoration erinnert dieses Bauwerk an die Gotik zeitgenössischer Klosterkirchen.

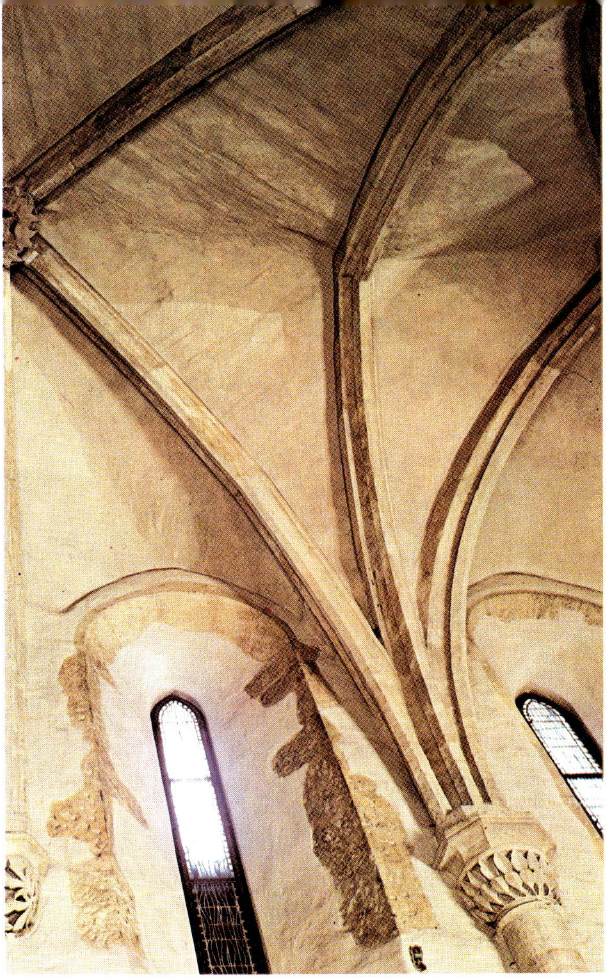

In den oberen Teilen der Kirche und im Chor fällt das Licht durch die mit farbiger *Glasmalerei* reich geschmückten großen Fenster ein. Sie sind durch die schlanken Stützen sowie das steinerne Maßwerk in geometrischen Mustern unterteilt.

Der *Außenbau* der gotischen Kathedrale weist ähnliche Merkmale wie ihr Inneres auf: klare Gliederung und betontes Höhenstreben. Die Vertikalität wird dadurch verstärkt, daß den Horizontalelementen vertikalbetonte aufgesetzt werden. Die Kompaktheit der Außenmauern wird durch die Folge von Portalen, Fenstern, Strebebogen und -pfeilern und zahlreichen Statuen aufgelockert, so daß der

▶ Der starke Höhendrang der gotischen Architektur wird im Kircheninnern durch die extrem schmalen Proportionen betont. Die Zeichnung zeigt die Rippen des *Kreuzrippengewölbes*, die jeweils im *Schlußstein* in der Mitte zusammentreffen.

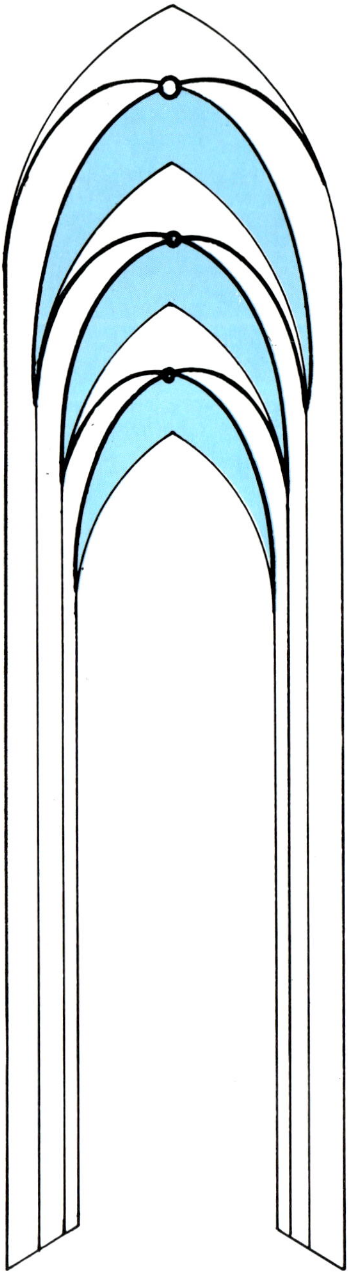

▶ *Innenansicht des Kölner Doms*. Der erhabene, überirdische Eindruck wird durch die schmale Steilheit des Langhauses betont, das ein Verhältnis von Breite zur Höhe von 1 : 3,8 hat, die steilsten Proportionen einer gotischen Kathedrale überhaupt. Die Aufwärtsbewegung der gotischen Säulen wird durch keine Horizontalelemente wie Kapitelle oder vorspringende Gesimse unterbrochen.

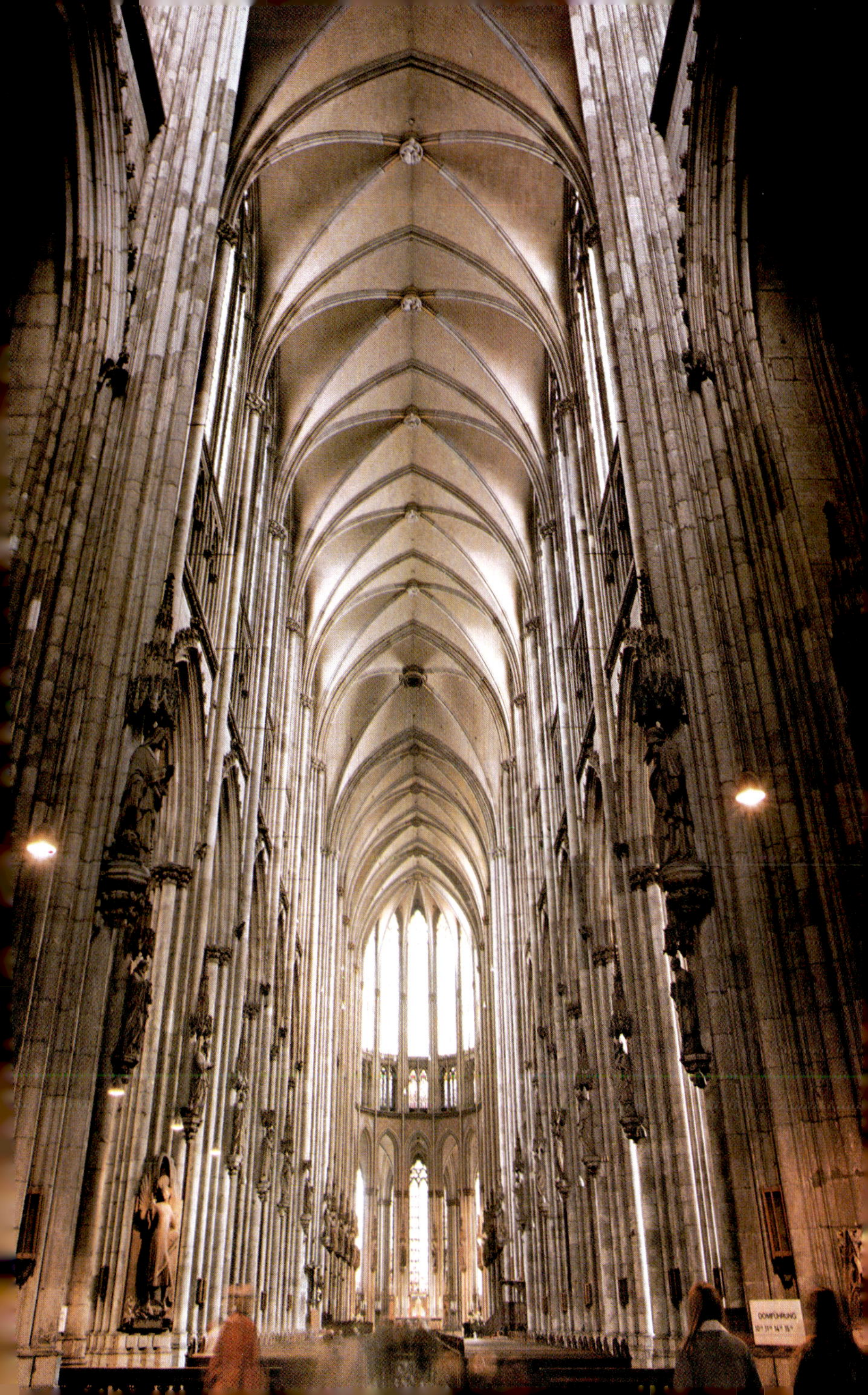
DOMFÜHRUNG

Die Seitenwände

▶ In der gotischen Kathedrale kommt den Wänden nur eine beschränkte Stützfunktion zu. Die tragenden Elemente werden auf ein Minimum reduziert. Die untere Zone des Kirchenschiffes wird in eine Folge von *Spitzbogenarkaden* aufgelöst und die obere durch einen Laufgang mit Spitzbogenöffnungen, das *Triforium*, gegliedert, darüber die durchbrochene, durch Maßwerk gegliederte Fensterzone im *Obergaden*.

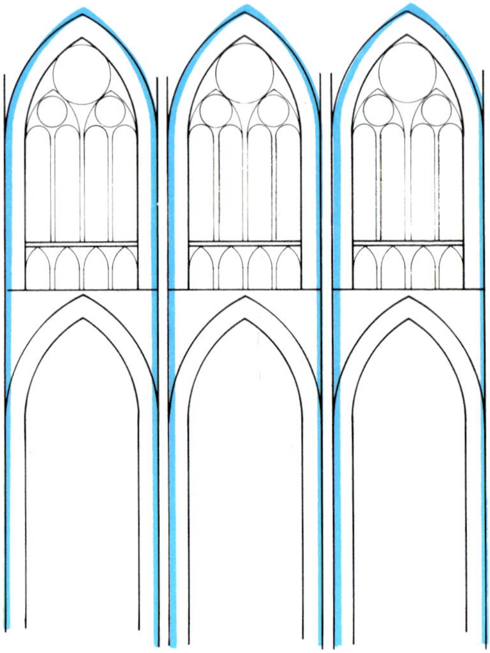

Eindruck eines überaus reich gegliederten, filigranen Gesamtgefüges entsteht. Die stattlichen Türme der Westfassade verstärken den Eindruck gesetzmäßiger Gültigkeit. Diese Anordnung ist besonders für die Ile de France charakteristisch, wo sie an jeder Kathedrale auftritt. Die mit Skulpturen geschmückten *Glockentürme* laufen in kegelförmig zugespitzten, oft durchbrochenen Helmen aus.

Die *Hauptfassade* der *Kathedrale von Chartres* oder die von *Notre Dame in Paris* verkörpern die gotischen Gestaltungsprinzipien in beispielhafter Weise. Horizontalgesimse gliedern und rhythmisieren den Aufbau. Die Mitte der Eingangszone beherrschen *drei Portale.* Zu ihren Seiten stehen jeweils zahlreiche *Heiligenfiguren* aus Stein als Wächter und Glaubenszeugen. Rings um die Portale hat die Kunst der Bildhauer ein großes *Figurenprogramm* christlicher Heilswahrheiten verwirklicht. Drei große *Fenster* befinden sich in der nächsten Zone darüber, schließlich ein ornamental unterteiltes Radfenster, die *Rose.*

Das *Mittelportal* und das *Mittelfenster* sind etwas höher als die beiden seitlichen. Im *Außenbau* herrscht eine eben-

▶ *Innenansicht des Langhauses des Kölner Doms.* Das Langhaus wurde erst im 19. Jahrhundert vollendet, doch gibt es getreu die ursprünglichen Bauformen wieder. An den schlanken Bündelpfeilern sind Apostelstatuen unter Baldachinen angebracht. Den Pfeilern kommt eine entscheidende statische Funktion zu. Die Bedeutung der tragenden Wand ist abgelöst. Die *Spitzbogenarkaden* unten, das *Triforium* und die durchbrochene *Fensterzone* oben dienen zur Gliederung und Abgrenzung des Raumes nach Innen und Außen.

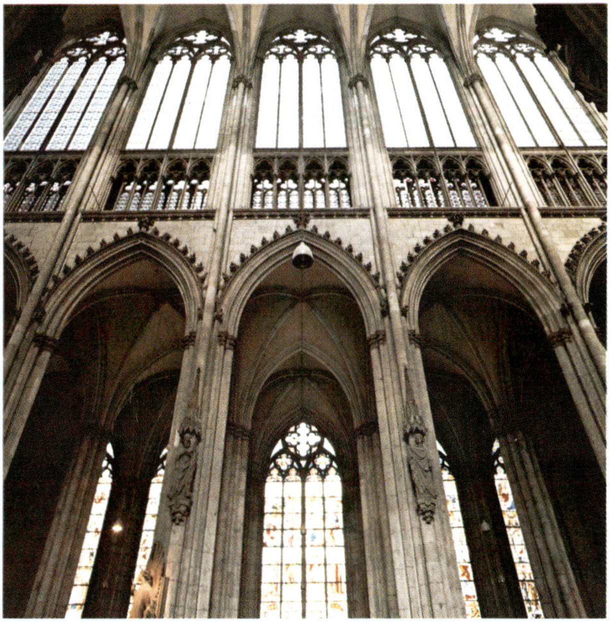

so klare und ausgewogene Gliederung wie im Innern der Kirche. Die Maßverhältnisse sind wohlüberlegt, die Zahlensymbolik spielt eine Rolle, so vor allem die heilige Dreiheit. Die gotische Kunst bringt die symbolische Bedeutung der Formen zum Ausdruck, denn für sie hat alles Geschaffene zugleich Bedeutung.

Die gotische Kunst begnügte sich nie mit der äußerlich perfekten Form, sondern ebenso wichtig ist der symbolische Gehalt. Verschiedene Bedeutungen können sich dabei in hochkünstlerischer Weise durchdringen und ergänzen. Bleiben wir beim Beispiel der *Fensterrose*, eines zentralen Architekturmotivs, so ist die alles überstrahlende Sonne ein Christussymbol, wie die königliche Rose die mit allen Tugenden gesegnete Jungfrau Maria bedeutet. Das Licht ist ein Sinnbild der göttlichen Allmacht. Es durchdringt die Scheiben der Fenster, ohne sie zu verletzen.

Eine Krönung der klassischen Kathedralfassade stellt die *Königsgalerie* dar, die die beiden Türme verbindet; sie enthält monumentale Statuen.

Die ganze Vielfalt des gotischen Strebewerks offenbart

sich beim Umschreiten der gotischen Kirche. Das klar gegliederte Gefüge der *Strebebogen* und *Strebepfeiler* umgibt den Bau. Sein Zugang wird im Westen von den Flankentürmen verteidigt. Eine seitliche Untergliederung der Kirche kommt durch die prächtigen *Querhausfassaden* zustande. Seinen ganzen Reichtum entfaltet das Strebewerk wieder am *Chor*.

Auch das gotische *Strebewerk* meidet – dem Stilprinzip zuliebe – die Schwere. Die aus statischen Gründen notwendigen *Strebepfeiler* des Außenbaus werden mit bildhauerischen Mitteln aufgelockert, durch vorgelegte Blendarkaden und Spitzbogenfriese und die wie spitze Pyramiden aufgesetzten *Fialen*. Über den Portalen und Fenstern kommen häufig spitzdreieckige Aufbauten vor, die *Wimperge*. Die aufstrebenden Schrägkanten werden mit *Krabben* besetzt, rundlichen Vorsprüngen in Form von Knospen und Knäufen. Alles, was den Eindruck des Aufstrebens und Emporsteigens unterstützt, schätzt die Gotik, um eine schwerelose Wirkung zu erreichen. Abgesehen von der ästhetischen Wirkung kam diesen Details auch eine statische Wirkung zu: Die aufgesetzten Fialen z. B. hatten die Aufgabe von Gewichten, um den mittels der Strebebogen von oben her abgeleiteten Schub der Gewölbe und des Mauerwerks in die Strebepfeiler niederzudrükken und am weiteren Ausweichen zu hindern. Das vom Dach abfließende Regenwasser wurde in Rinnen den *Wasserspeiern* zugeleitet, deren abschreckender Gestalt zugleich eine unheilabwehrende Aufgabe zukam.

Die Menschen des gotischen Zeitalters beurteilten die Erscheinungen dieser Welt mit anderen Maßstäben als etwa wir. Die christliche Religion bestimmte ihr Weltbild und ihre Bewertung. Im Bereich der kirchlichen Baukunst kommt der Architektur und allen ihren Gliedern religiöse Bedeutung zu: den Statuen aus Stein und der gesamten Steinmetzarbeit, den Reliefs und jedem einzelnen Block, den Türmen und Portalen, den Strebepfeilern und Strebebogen, dem gesamten Bauschmuck, zu dem die verschiedensten Kunsthandwerker beitrugen. Die in großer Zahl vorkommenden Figuren und Szenen bilden eine umfassende Enzyklopädie der christlichen Lehre, sie sind anschauliche Predigten in Stein.

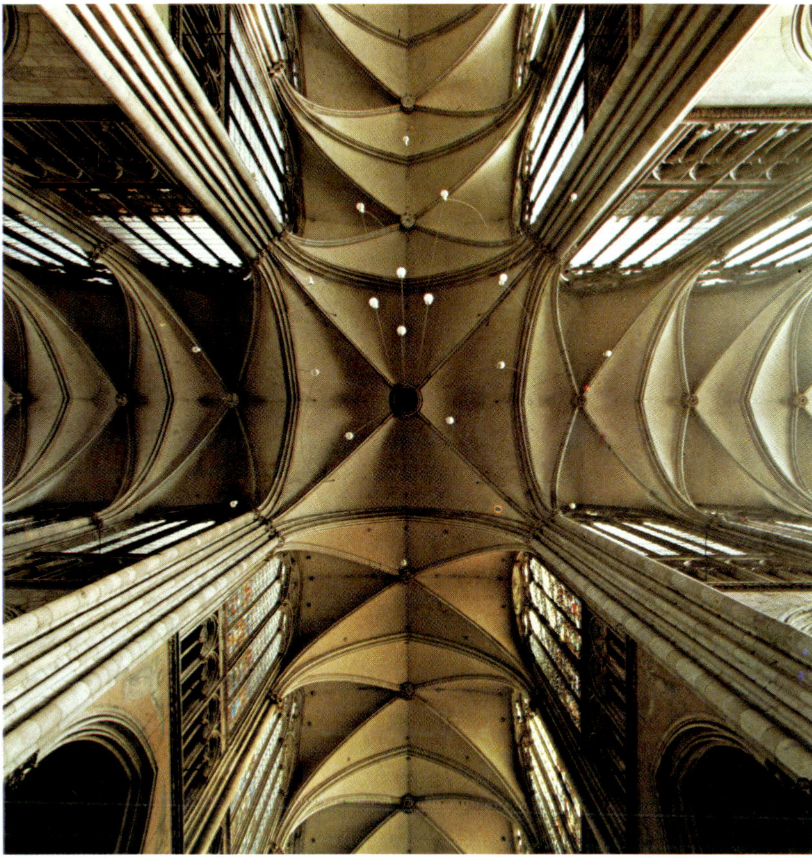

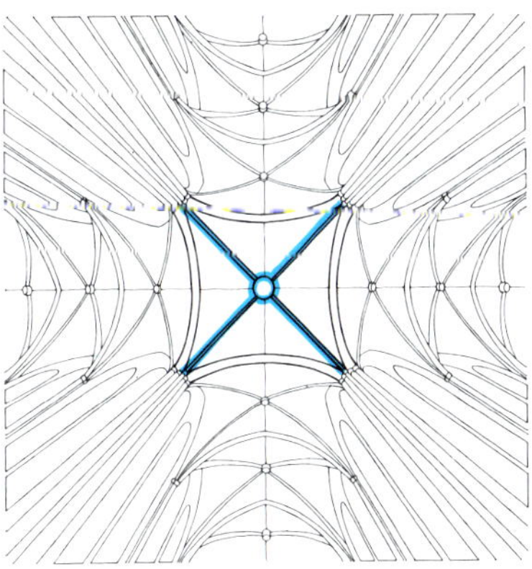

◄▲ Das Gewölbe der *Vierung des Kölner Doms*, wo sich Langhaus und Querhaus durchdringen. Die ausgewogene geometrische Regelmäßigkeit ist ein Merkmal des gotischen Stils. Die steil aufschießenden *Bündelpfeiler* setzen sich in den *Gewölberippen* fort.

▼ Dieses spitzbogige gotische *Kathedralfenster* zeigt die reichen Formen der Spätgotik. Es wird mit architektonischen Mitteln in vier Teile gegliedert, über denen sich gemeinsam das typische geometrische *Maßwerk* mit seinen *Vierpässen* und *Fischblasen* ausbreitet.

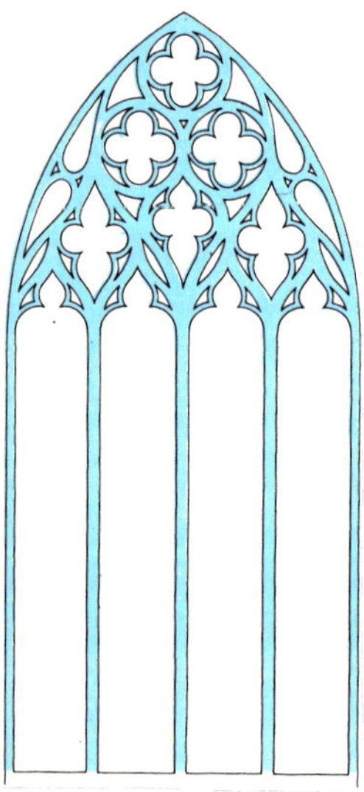

Das religiöse Programm wurde aus dem Alten und dem Neuen Testament entnommen. Christus und Maria nehmen den höchsten Rang ein, doch wird der ganze Stammbaum der christlichen Glaubenszeugen samt Propheten, Evangelisten, Königen und Heiligen dargestellt. Jede Figur ist durch ein typisches *Attribut* gekennzeichnet, z. B. der hl. Petrus durch die Schlüssel des Himmels.

Einen großen Raum nehmen die, häufig in Relief dargestellten, *Szenen aus dem Leben Christi* ein. Sie stehen auch im *Tympanon* (Giebelfeld) über dem mittleren Westportal. Dort im Westen, am Zugang der Kirche, thront *Christus,* traditionsgemäß als *Weltenrichter* dargestellt. Er ist der Herr des Gotteshauses und sein Urteil wird beim *Jüngsten Gericht* darüber entscheiden, wer in Ewigkeit zu den Seligen, wer zu den Verdammten gehört. Außer den großen Leitmotiven gab es auch zahlreiche untergeordnete Darstellungen, gewissermaßen die Anmerkungen zum großen Gesamtgeschehen. So konnten unter den profanen Themen, z. B. die *Sieben Freien Künste* dargestellt werden. Jede der Gestalten hat ein bestimmtes *Attribut* als Kennzeichen: die Grammatik die Rute, die Rhetorik eine Tafel, die kluge Dialektik eine Schlange, die Arithmetik ein Rechenbrett, die Geometrie ein Pendel, die Astronomie einen Sextanten, die Musik eine Laute. Die Gotik war durchweg auf systematische Ordnung bedacht. Häufig wurden die Monate des Jahres und die für sie typischen *Monatsarbeiten* dargestellt: Umgraben des Bodens, Baumschneiden, Ernte, Schweinschlachten usw. Die *Tierkreiszeichen* kommen häufig vor, ebenso die Szenen der *Erschaffung der Welt* sowie biblische und geschichtliche Ereignisse, die unter religiösem Aspekt einander gegenübergestellt wurden. So haben einige französische Kathedralen eine *Königsgalerie,* die Statuen der französischen Monarchen seit Karl dem Großen zeigt.

Die *Statuen* im Zusammenhang der gotischen Kathedrale verkörpern ebenfalls das Prinzip der Vertikalität und des schwerelosen Höherstrebens. Am *Königsportal (Porte Royale)* der *Kathedrale von Chartres* z. B. erscheinen sie säulenartig überlängt. Die Arme liegen dicht an, der Körper verzichtet auf die Rundform, die Füße hängen über. Nicht irdisches Stehen, sondern erscheinungshaftes

▶ Eines der 176 *Fenster der Kathedrale von Chartres.* Es wurde im spätgotischen Stil des 15. Jahrhunderts in eine Wand des 13. Jahrhunderts eingefügt. Die Vertikalteilung in vier Streifen sowie das Aufblicken der Dargestellten betont das Aufstreben der Gesamtkomposition. Die gotische *Glasmalerei* hat symbolische Bedeutung: das Sonnenlicht durchdringt die farbigen Scheiben, ohne sie zu verletzen – Sinnbild der alles durchdringenden und verwandelnden göttlichen Gnade.

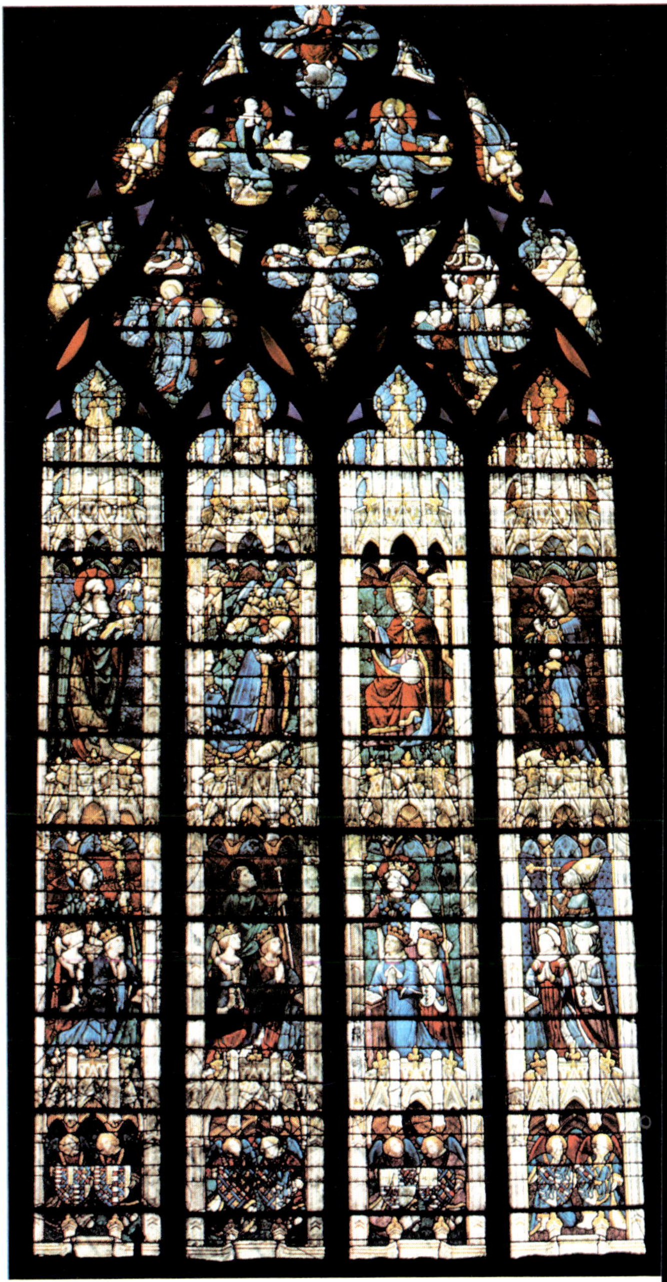

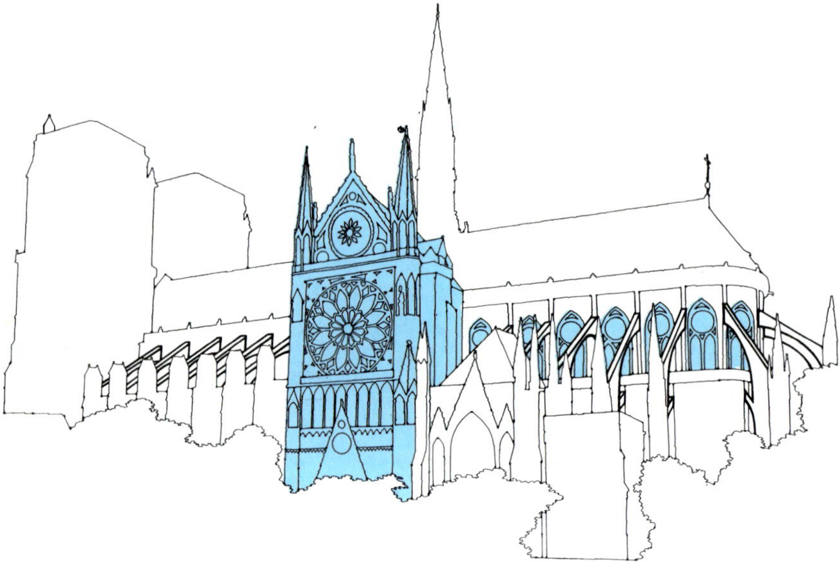

▲ Die Entwicklung des *Querhauses* ist typisch für die gotische Kathedrale. Seine beiden reich gegliederten *Fassaden* – im Norden bzw. Süden – haben große *Figurenportale*, reiche *Fensterzonen* und eine oder mehrere prächtige *Fensterrosen* mit geometrischem Maßwerk. Gotische *Fialen* bekrönen die *Strebepfeiler*.

Schweben wird sichtbar. Die langgestreckten Gewandfalten sind dünn und ornamental aufgetragen. Sie unterstützen die Überlängung der Figuren und lassen das Fehlen von Hüften und Schultern vergessen. Die *Köpfe* sind im Verhältnis zu den Körpern klein. Ihre Vergeistigung kommt durch die schmalen, geschwungenen Augen und das holde Lächeln zum Ausdruck. Die gotischen Kathedralskulpturen haben zu Füßen jeweils einen *Sockel*, sowie zu Häupten einen steinernen *Baldachin*. Diese Einfügung in eine *Nische* trägt wesentlich zur Verklammerung der gotischen Kathedralskulpturen mit dem Bauwerk bei.

Ein typisches Element der gotischen Kathedralarchitektur ist ferner die bildhauerische Gestaltung der *Portale*. Ihr *Gewände* ist seitlich abgeschrägt und enthält vor Nischen die großen steinernen *Standfiguren*. Nach oben schließen die mit Reliefs oder kleinen Statuetten geschmückten *Archivolten* (Bogenläufe) an. Am Hauptpfeiler oder *Trumeau*, der das Hauptportal unterteilt, steht oft ebenfalls eine große Statue (meist Christus oder Maria).

Die großen Kathedralen waren die vollkommensten Gesamtkunstwerke der Gotik, doch arbeiteten die gotischen

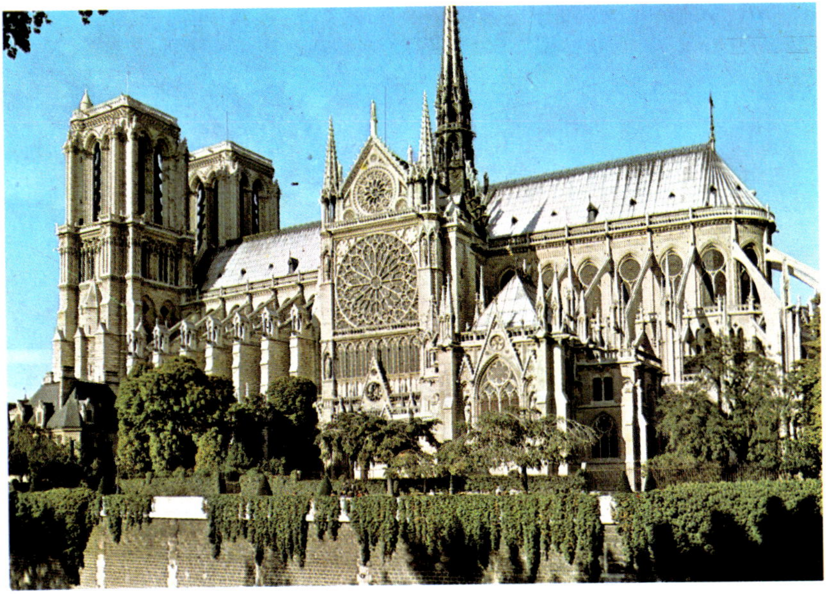

▲ *Südansicht von Notre Dame zu Paris.* Das *Querhaus, Transept*, wurde von Jean de Chelles 1258 begonnen und um 1270 vollendet. Es ist ein wesentliches Gliederungselement der Kathedrale. Die *Querhausfassaden* sind filigranartig durchbrochen und haben zwei *Rosen*, deren größere einen Durchmesser von 13 m hat.

Baumeister nicht nur im Auftrag von Bischöfen und Bürgern, sondern auch in dem der reformeifrigen *Mönchsorden*, vor allem der *Benediktiner* und der *Zisterzienser*, und ebenso errichteten sie *Burgen* und *Befestigungsanlagen* für Könige und Adel. Je nach Zweck und Aufgabe entwickelten sich daraus zahlreiche Sonderformen.
Die *Kirchen* der Gotik entsprechen im Prinzip dem geschilderten Kathedralschema. Der Grundriß war kreuzförmig, die Proportionen hatten ebenfalls die starke Vertikaltendenz, und das Konstruktionssystem verwendete *Spitzbogen, Kreuzrippengewölbe, Strebebogen* und *-pfeiler*. Die *Zisterzienserarchitektur* machte jedoch eine Ausnahme, indem sie auf monumentale Glockentürme und aufwendiges Strebewerk verzichtete.
Die gotische Architektur erfuhr im Lauf der Entwicklung natürlich gewisse Veränderungen infolge regionaler Traditionen und des sich ändernden Geschmacks. Auch lassen sich gewisse Verzugszeiten in der Übernahme gotischer Formen von West nach Ost feststellen, doch in jedem Fall war die Gotik ein in Europa international verbreiteter Stil. Es gibt erhebliche geographische Unterschiede, sogar in-

▼ Die Königsstatuen unter gotischen Spitzbogenarkaden sind ein typischer Ausschnitt aus dem großen *Figurenprogramm* einer gotischen Kathedrale. Die Standbilder sind vollplastisch. Obwohl die Gestalten einander ähnlich sind, unterscheiden sie sich doch durch Ausdruck und Haltung.

nerhalb der einzelnen Regionen. In *Frankreich* hatte die Gotik ihren Ursprung, und von dort breitete sie sich aus. Die *Bauhütten,* in denen die Steinmetzen zusammengefaßt waren, verfolgten aufmerksam die allgemeine Entwicklung. Die Steinmetzen waren – wie alle Handwerker – daran gewöhnt, ihre Kenntisse durch die Wanderschaft zu erweitern. Bewährte Baumeister konnten auch berufen und um Rat gefragt werden, ebenso zogen die Steinmetzen dorthin, wo es für sie Arbeit gab.

In den deutschsprachigen Bereich drang die Gotik in Wellen von Westen her vor. Der gotische *Kölner Dom* wurde 1248 begonnen und der Chor 1322 vollendet, das Langhaus des *Straßburger Münsters* wurde nach dem Vorbild von St. Denis neu errichtet. Um die Wende zum 14. Jahrhundert war Meister Erwin von Steinbach Leiter der Straßburger Bauhütte. Im Westen des Münsters wuchs die filigranartige Doppelturmfassade empor, bis 1365 die Turmplattform erreicht war.

Bald wetteiferten die Städte miteinander in der Errichtung gotischer Kirchen. Die Bürger von *Freiburg i. Br.* errich-

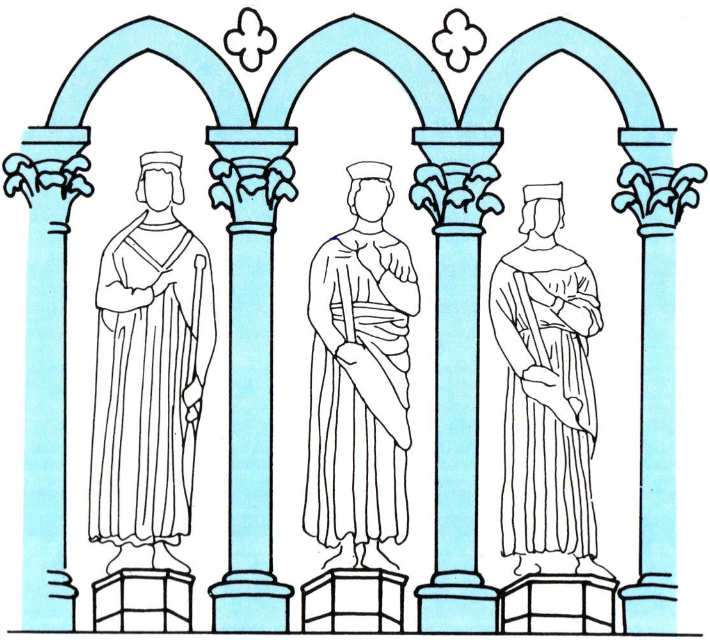

▼ Diese *Königsstatuen* an der Südseite der *Kathedrale von Chartres* sind in ihrer geschlossenen, säulenhaften Form typisch für die Zeit und ein Beispiel für die enge Verbindung zwischen gotischer Architektur und Skulptur.

teten ihr gotisches Münster mit einem Westturm, und stolze gotische Pfarrkirchen und Dome entstanden zwischen dem 13. und 15. Jahrhundert in Marburg und Trier, Regensburg, Wien, Ulm und Prag.

Mit der Zunahme der Bedeutung des städtischen Bürgertums wurde auch die gotische Baukunst „bürgerlicher“. Die Proportionen wurden gedrungener und behäbiger und die spätgotische *Hallenkirche,* eine mehrschiffige Anlage mit gleichhohen Gewölben, setzte sich durch.

Im Rahmen dieser kurzgefaßten Übersicht ist es nicht möglich, alle Verzweigungen der gotischen Architektur zu erwähnen. Die Kernvorstellung geht von der französischen *Kathedralgotik* aus, ihrem königlichen Reichtum und ihrem symbolischen Gehalt. Diese Grundform fand eine weite Verbreitung und zahlreiche Abwandlungen. Die *Reformorden,* vor allem die *Zisterzienser,* entwickelten dagegen eine karge, bereinigte Gotik. Durch die *Bettelorden* wurde dieser puristische Geist dann in die Städte getragen. Die *Spätgotik* brachte eine enorme Zunahme der Produktion, vor allem im Kunsthandwerk.

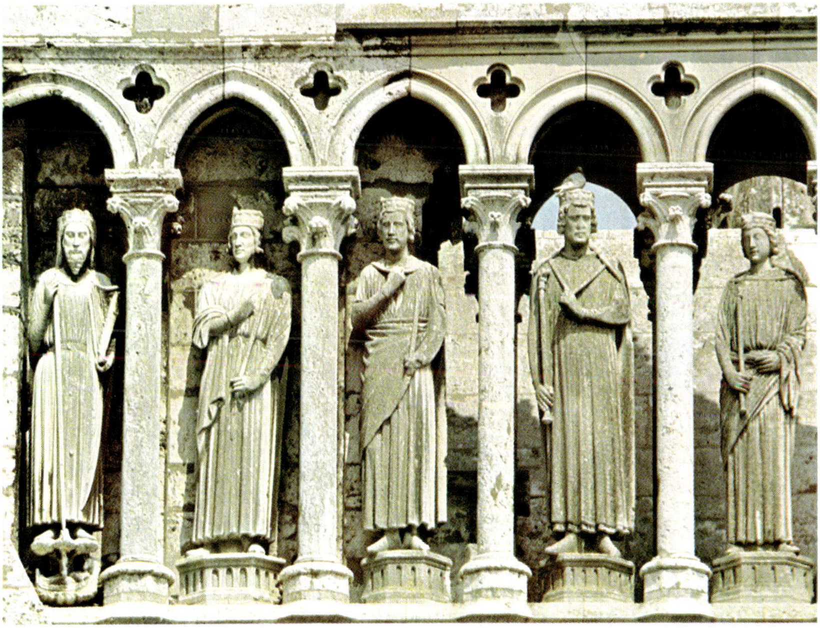

▶ Detail einer Gruppe von *Säulenfiguren* eines großen gotischen Portals. Sie sind in Hochrelief gearbeitet und stehen in engster Verbindung mit der umgebenden Architektur. Dieser Zusammenhang wird betont durch die *Figurenkonsole* zu Füßen und den *Baldachin* zu Häupten jeder Gestalt. Obwohl diese Gewandfiguren einander sehr ähneln, unterscheiden sie sich doch durch die Gesten und den Gesichtsausdruck. Die Zentralfigur wendet sich dem Eingang zu und betont so die Bewegungsrichtung.

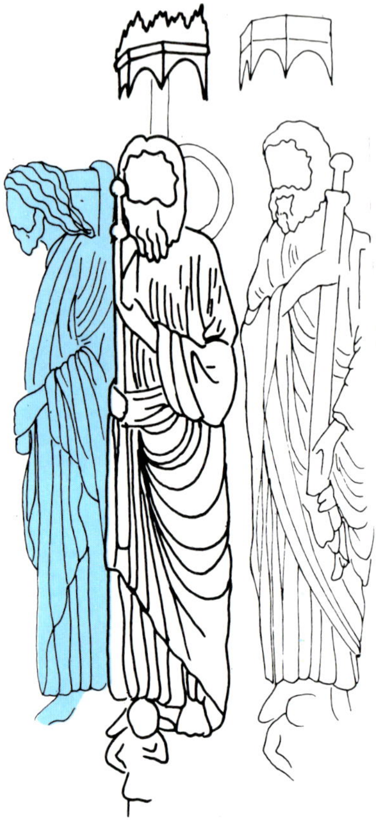

▶ Diese schlanken, feingliedrigen *Portalskulpturen der Kathedrale von Chartres* wurden zwischen 1210 und 1220 geschaffen. Die innere Bewegtheit und das präzise Faltenspiel schließen die Reihe harmonisch zusammen.

Die Hauptmerkmale der Gotik – *Spitzbogen, Kreuzrippengewölbe* und das *Strebewerk* mit seinen *Strebebogen* und *Strebepfeilern* – prägen sich rasch ein, ebenso das reiche gotische Ornament mit *Maßwerk, Fialen, Wimpergen.* Das einzelne Bauwerk dagegen verdient jeweils ein aufmerksames Detailstudium. An den gotischen Kirchen wurde oft jahrzehnte- und jahrhundertelang gebaut. Selten sind sie daher aus einem Guß. Gotische Bauteile wurden mitunter an ältere angebaut oder mit ihnen kombiniert, ebenso wurde der teilweise oder totale Wiederaufbau erforderlich durch Brände und Kriege und den sich ändernden Zeitgeschmack. So wurden auch gotische Kirchen in späterer Zeit, etwa im 18. oder 19. Jahrhundert modernisiert, stuckiert oder ausgemalt. Von manchem gotischen

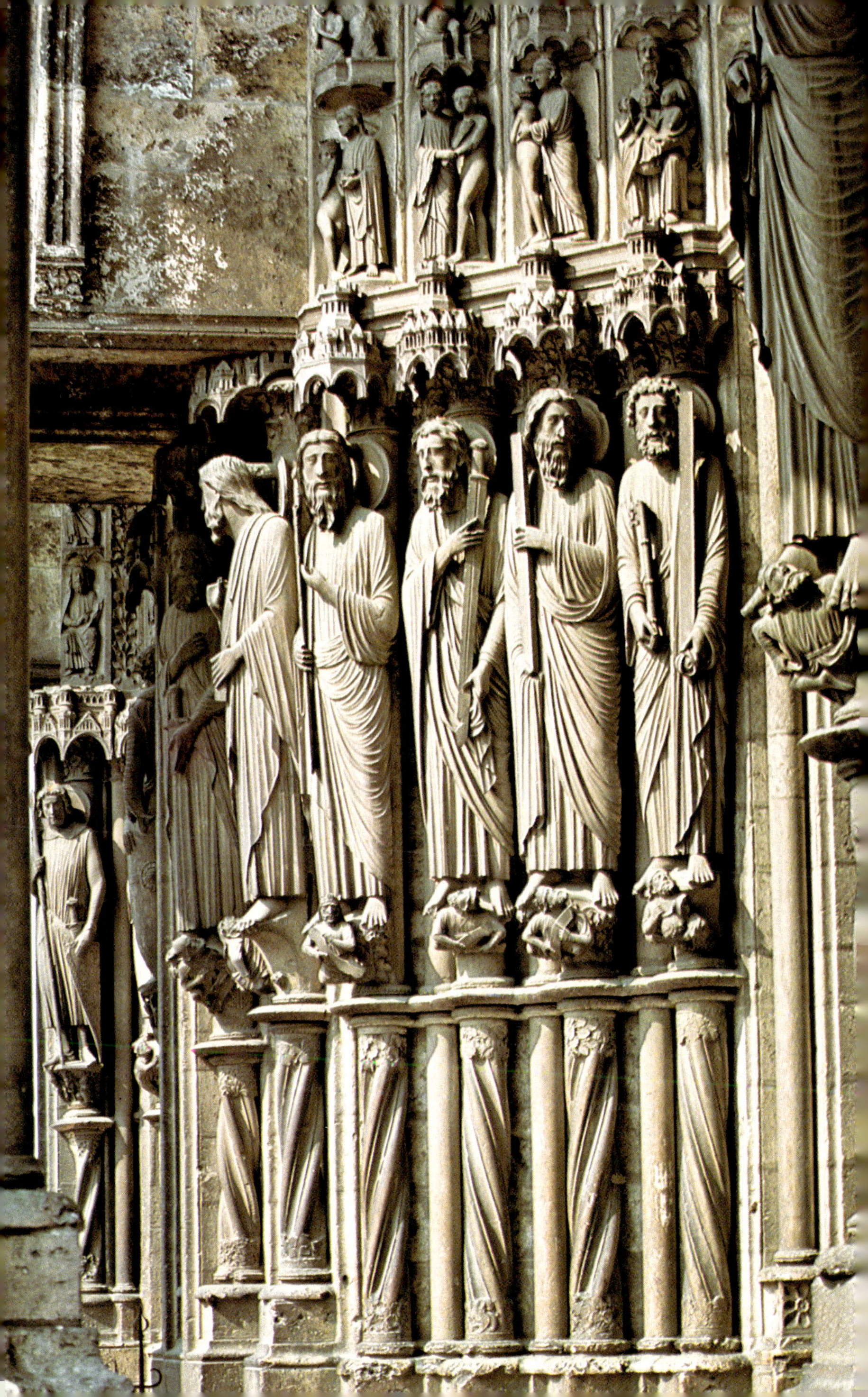

Bau blieb daher nur das architektonische Gerüst erhalten, während die Ausstattung und Ausmalung aus unterschiedlichen Gründen verlorenging. Spätere Generationen nahmen einschneidende Veränderungen vor. Das gilt vor allem für das 19. Jahrhundert; etwa seit seiner Mitte wurde der Stil der längst vergangenen Gotik allenthalben wieder nachgeahmt, und man ging daran, mit modernen technischen Mitteln „neugotisch" zu bauen sowie die erhaltenen gotischen Bauwerke zu restaurieren und zu vollenden. Bekannte Beispiele für solche Fertigstellungen sind die gotischen Dome von *Köln* und *Ulm*, und überall im Lande entstanden *neugotische Kirchen*, die aufgrund ihrer star-

▶ Im Lauf des Mittelalters verdrängten in vielen Gegenden *Stein* und *Backstein* das Holz als bevorzugtes Baumaterial für *Profanbauwerke*. Die Bauweise unterschied sich in den einzelnen Gebieten gemäß den örtlichen Traditionen. Steinerne Fassaden mit engen Tür- und Fensteröffnungen reihen sich im nördlichen Klima dicht aneinander, die Dächer sind steil.

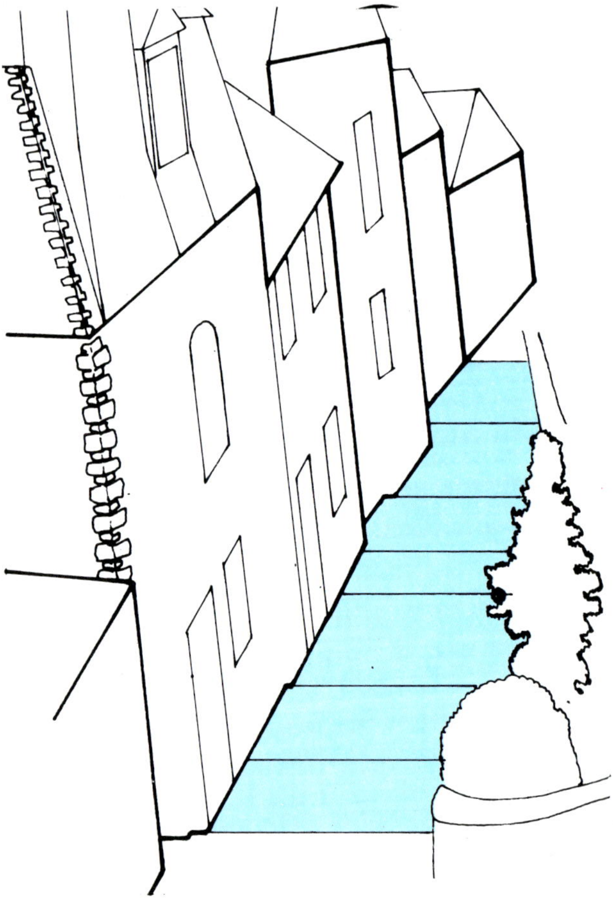

ren Regelmäßigkeit zu erkennen sind. Auffallend an diesen Reißbrettkonstruktionen ist zudem, daß sie oft nicht an die lokale gotische Überlieferung anknüpfen, sondern fremde Elemente kombinieren. Mit dem Erlöschen des *Historismus,* der das Heil in der Stilnachahmung suchte, hat in der kirchlichen Baukunst – erst in unserem Jahrhundert – die Nachahmung gotischer Formen aufgehört. Die gotische Baukunst hatte ihren Schwerpunkt im kirchlichen Bereich, doch betraf sie ebenso den *Profanbau: Burg* und *Haus, Rathaus* und *Zunfthalle, Spital, Befestigung* und *Brücke.* Die Städte sorgten für ihre Verteidigung mit *Stadtmauern, Toren* und *Türmen, Zugbrücken* und

▶ Eine *Straße* auf dem *Mont St. Michel* an der Küste der Normandie. Die mittelalterlichen Städte waren von hohen Befestigungsmauern umgeben, und die Häuser waren dicht aneinandergefügt. Die Straßen waren eng und gewunden und folgten dem Gelände oder stellten Abkürzungen dar. Teils waren die Häuser auch zur Verteidigung eingerichtet (Türen und Fenster konnten fest verrammelt werden).

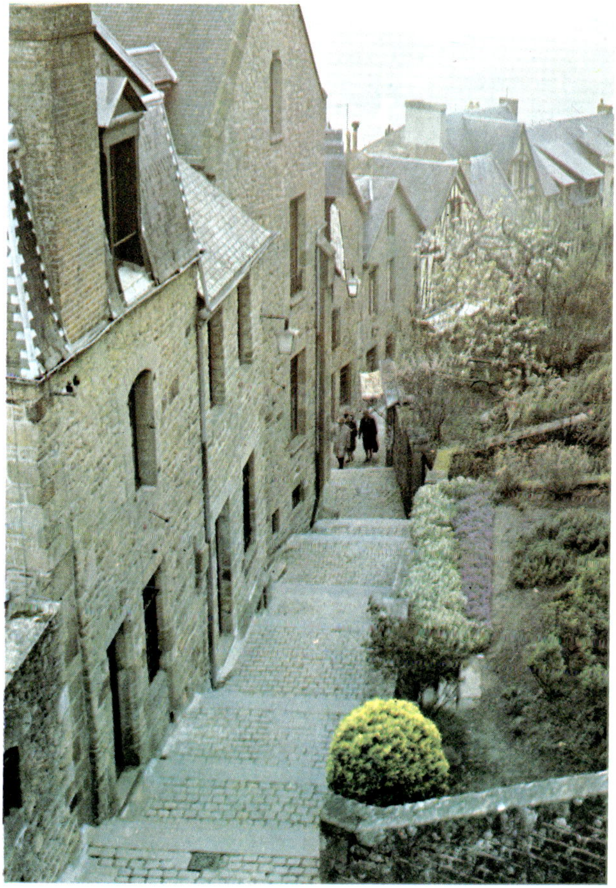

▼ Der *Papstpalast von Avignon* an der Rhône. Der *Alte Palast* ist hier links, der *Neue Palast* rechts zu sehen.

Gräben. Innerhalb der Mauern war der Platz, der zur Verfügung stand, knapp und die Straßen oft eng.
Ein hervorragendes Beispiel gotischer Profanarchitektur ist der *Papstpalast von Avignon.* Er wurde um die Mitte des 14. Jahrhunderts errichtet, als die Päpste dort im Exil waren. Er besteht aus dem für Benedikt XII. errichteten *Alten Palast* und dem zweiflügeligen Anbau, dem *Neuen Palast* für Clemens VI. Es war eine Zeit der Unruhen und Machtkämpfe, und daher mußten auch die Päpste im Exil eher nach Wehrhaftigkeit als nach Wohnlichkeit trachten. Der Außenbau entspricht dieser Aufgabe, doch werden die gotischen Elemente in den vorgeblendeten Spitzbogen sichtbar, die den Baukörper auflockern sowie in den bekränzenden Zinnen. Die päpstlichen Gemächer befanden sich im *Engelsturm,* ebenso gibt es einen großzügigen Kreuzgang, an dem sich die Räume des päpstlichen Gefolges sowie die Kapelle befinden. Diese Räume waren ehemals reich mit Fresken, Skulpturen und Wandbehängen ausgestattet, so daß ein erheblicher Kontrast zwischen dem Äußeren und der Innenausstattung bestand.

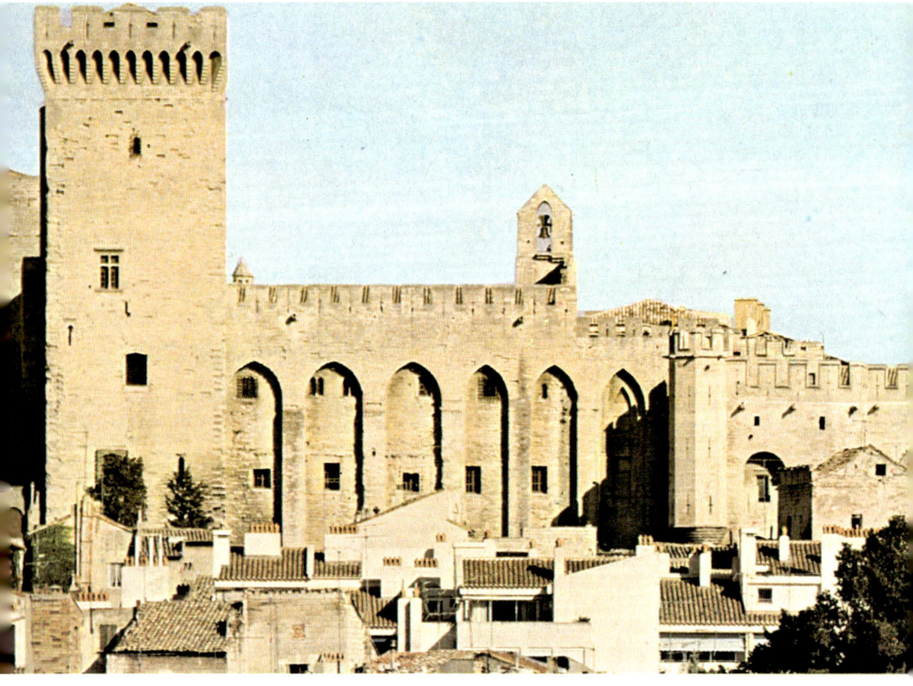

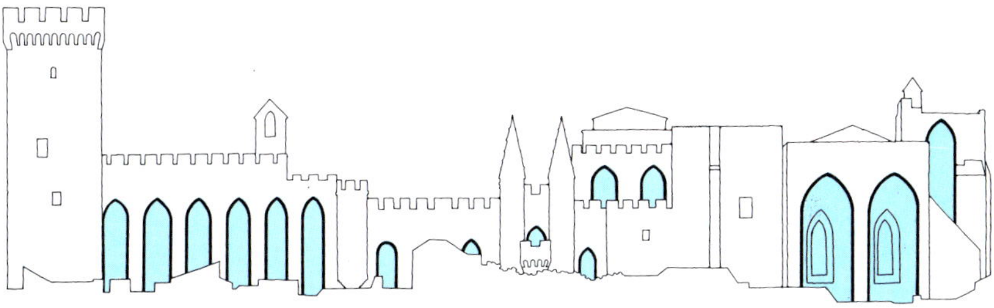

▲ Der *Alte Palast* von *Avignon* wurde für Papst Benedikt XII. errichtet. Er hat mit den blockhaften Türmen und seinen wehrhaften Zinnen den Charakter der Befestigung. In dem *Engelsturm*, ganz links, waren die päpstlichen Appartements untergebracht und luxuriös ausgestattet. Am *Neuen Palast* dagegen, der für Papst Clemens VI. zwischen 1342 und 1352 errichtet wurde, sind Tor und Zinnen dekorativer ausgebildet, auch sind die gotischen *Maßwerkfenster* am Neuen Palast weit größer. Im Alten Palast sitzen die kleinen Fensteröffnungen aus Verteidigungsgründen hoch oben. Die großen Fenster im Neuen Palast ähneln dagegen Kathedralfenstern und haben keine Zinnen über sich.

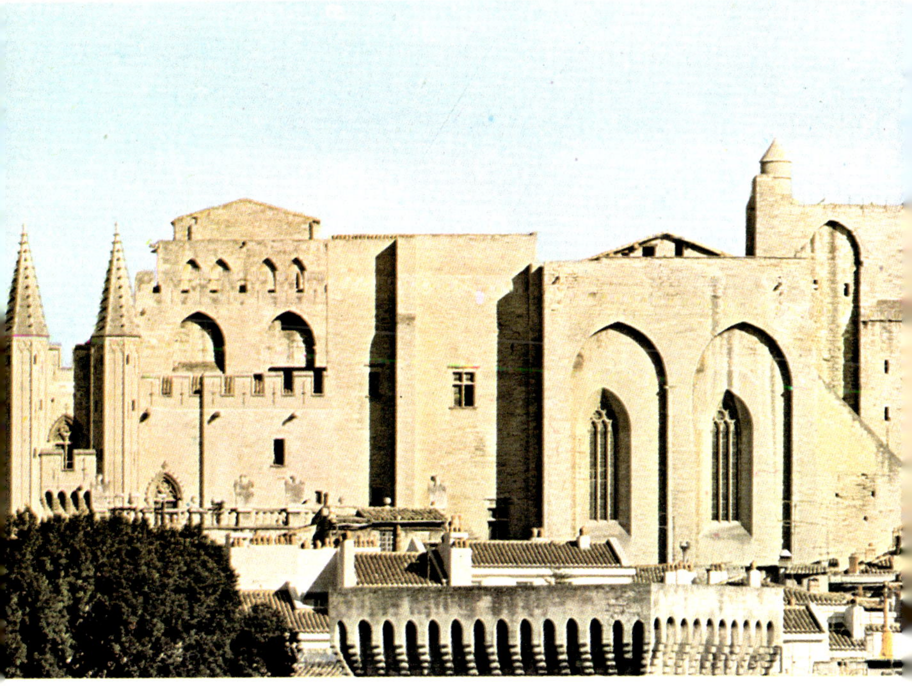

▶ Grundriß von *Castel del Monte* in Apulien. Das Jagdschloß ist als Achteck (Oktogon) angelegt. Innen befindet sich ein Hof. Die Ecken der wehrhaften Außenmauern sind durch polygonale Türme weiter verstärkt.

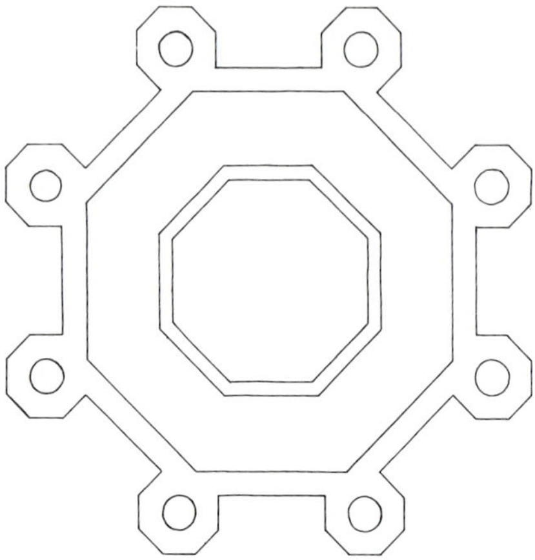

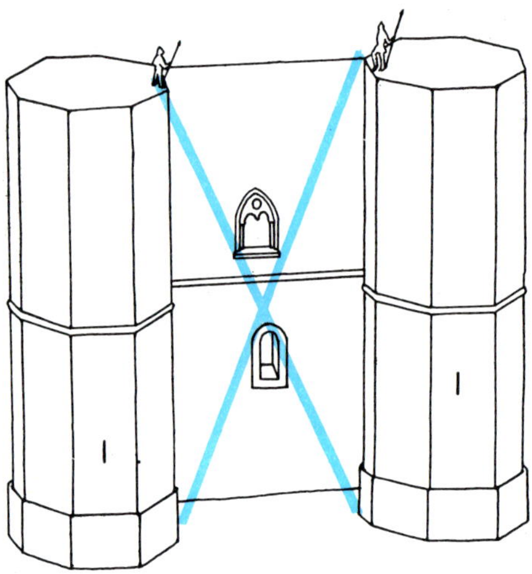

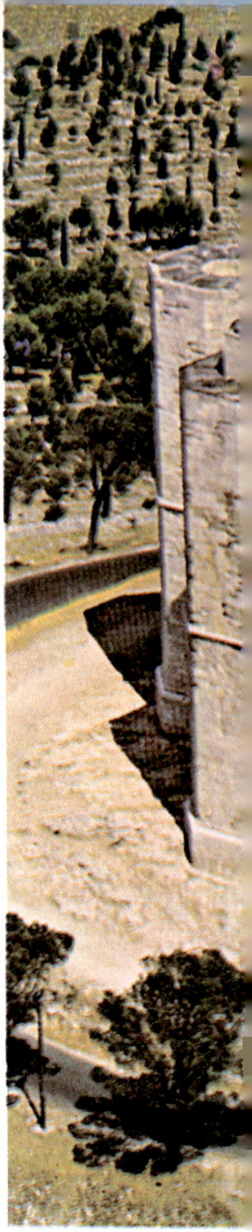

▲ Die *gotische Militärarchitektur* wurde nach praktischen Gesichtspunkten angelegt, so daß die *Befestigungstürme* eine möglichst ungehinderte Rundsicht und Verteidigung zuließen. Die Angreifer konnten von zwei Seiten her unter Beschuß genommen werden.

Die *Militärarchitektur* der Gotik, die große Bedeutung hatte, diente vor allem praktischen Zwecken. Der Adel konnte im Verteidigungsfall auf seine festen Burgen zurückgreifen und die Bürger traten zur Verteidigung auf den Türmen und Mauern ihrer befestigten Stadt an. Wehrgänge ermöglichten die rasche Verbindung, und der Feind konnte aus den schmalen Schießscharten beobachtet und abgewehrt werden.

Ein besonders schönes Beispiel des Wehrbaus jener Zeit, das gotische Detailformen aufweist, dessen Anlage jedoch auch orientalische Vorbilder verarbeitet, ist *Castel del Monte*, das befestigte Jagdschloß Kaiser Friedrichs II. in

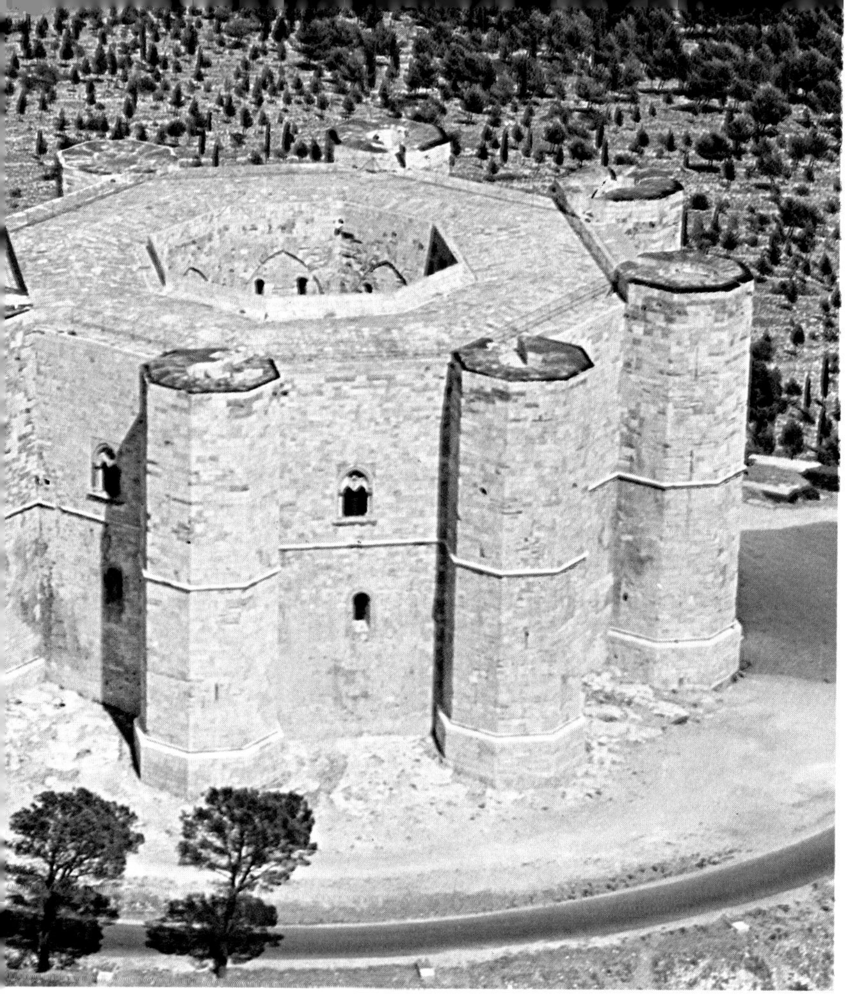

▲ *Castel del Monte* in Apulien wurde als befestigtes Jagdschloß für den Staufenkaiser Friedrich II. um 1240 errichtet. Dieses Herrschaftssymbol ist weithin im Land sichtbar.

Apulien. Es wurde sowohl nach ästhetischen Gesichtspunkten als nach verteidigungstechnischen angelegt: Der Achteckgrundriß der Befestigung umschließt einen Binnenhof. An jeder der 8 Ecken springt wiederum ein polygonaler Turm vor, wodurch das Schloß kristalline Klarheit bekommt. Ein eventuell in den Hof vorgedrungener Feind konnte vom flachen Dach aus von verschiedenen Seiten her bekämpft werden. Die Zentralanlage hatte verschiedene Vorteile. Sie ermöglichte den souveränen Ausblick nach allen Seiten und konnte wohl auch als Aussichtsterrasse für die Falkenjagd dienen. Ein derartiger Bau verkörpert eine umfassende Herrschaftsidee.

Die Skulptur

▼ ▶ Zwei *Portalskulpturen* vom *Marienportal* an der Westfront der *Kathedrale von Reims*. Das Körpergewicht ruht auf einem Fuß, während der andere seitlich etwas abgesetzt ist. Die Gewandfalten, die zur plastischen Gliederung dienen, bekommen dadurch einen *S-Schwung*.

Die gotische Skulptur hatte vor allem die Aufgabe des Schmuckes der Kirchen. Sie kam an zahlreichen Baudetails zur Wirkung, an Kapitellen, Maßwerk, Fialen, Krabben und Wimpergen, in der kirchlichen Ausstattung wie an Lettnern und Sakramentshäusern, an den Altären und vor allem an den Portalen mit den monumentalen Säulenfiguren. Die gotische *Bildhauerei* kommt in der Frühzeit überwiegend am Außenbau der Kathedralen zur Geltung. Die gotischen Kathedralskulpturen zeichnen sich durch ihre Säulenhaftigkeit aus. Sie sind langgestreckt und unkörperlich, die Gewänder sind stilisiert. Die Arme liegen eng an, nur die Köpfe bringen eine innere Bewegtheit zum Ausdruck und neigen sich. Der Charakter der einzelnen Heiligen ist durch Aussehen und Attribute klar gekennzeichnet, so daß der christliche Betrachter sie rasch erkennt. Besonders die weiblichen Gestalten sind dem goti-

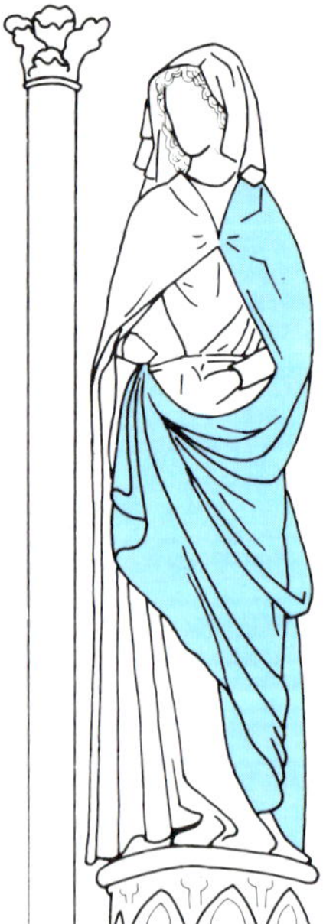

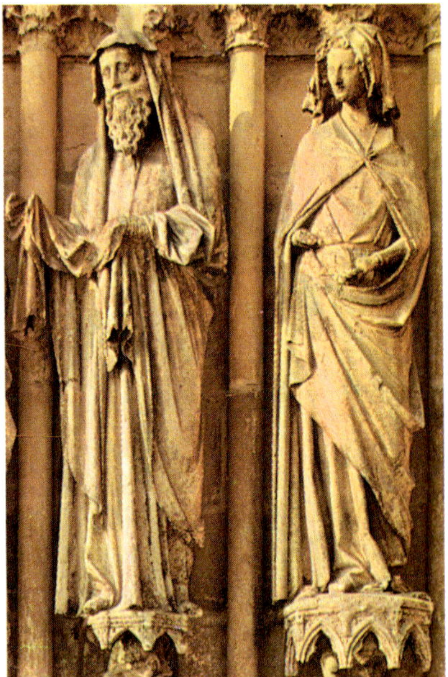

▶ *Statue* eines der alttestamentlichen Vorläufer Christi vom *Königsportal der Kathedrale von Chartres*. Diese Figur ist typisch für die Frühphase der gotischen Skulptur. Sie ist überlängt und unlösbar mit der Architektur verbunden. Sie scheint eher zu schweben als zu stehen. Unter den nach unten zeigenden Füßen eine *Konsole*, über dem Haupt ein *Baldachin*. Die Arme liegen dicht am Körper und die *Gewandfalten* verlaufen in langgestreckten, schmalen Vertikalbahnen wie Säulenkanneluren. Der *Kopf* der Figur entspricht einem Sechstel der Körperlänge und unterstützt mit seiner ebenmäßigen Rundung das Bild erhabener Heiligkeit.

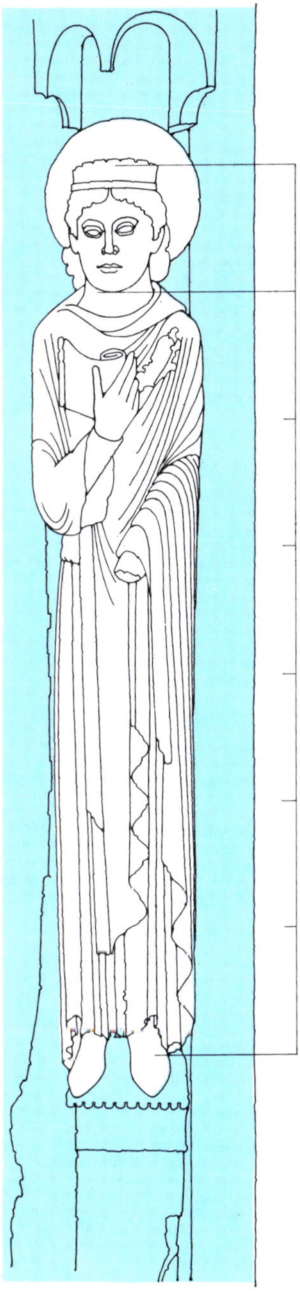

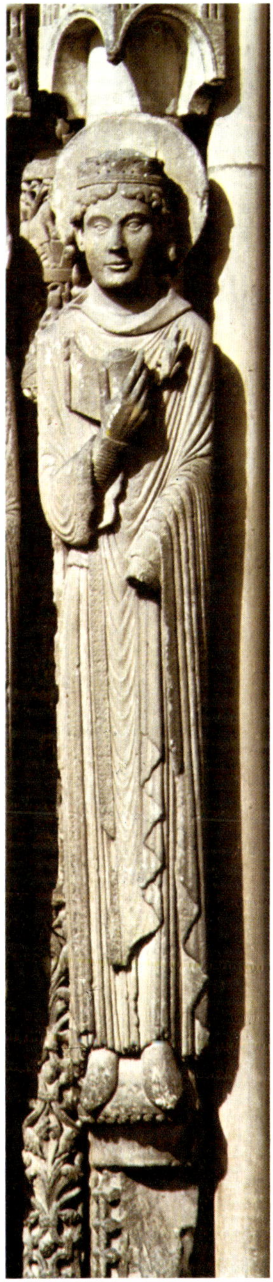

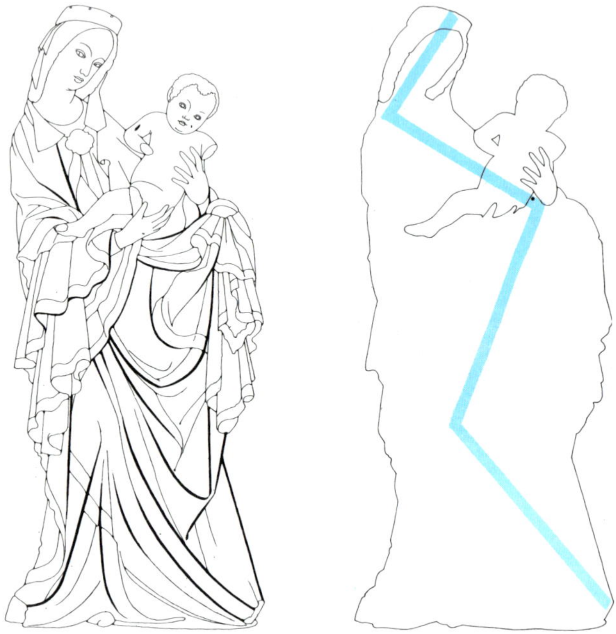

▶ Im Lauf der Entwicklung befreite sich die *gotische Skulptur* von ihrer Bindung an die Architektur. Die Gestalt verselbständigt sich, die stark plastischen Gewandfalten bestimmen den Aufbau in gegensätzlichen Spannungen, wie bei dieser *Muttergottes*.

▶ Die anmutige *Madonna von Krumau* in Böhmen ist eine Steinskulptur von nur 112 cm Höhe. Sie stammt aus der Zeit um 1390. Die gotische Skulptur war ehemals, wie üblich, sorgfältig *bemalt*. Die Spuren der subtilen *Fassung* sind noch erhalten.

schen Schönheitsideal gemäß überlängt. Ihre Gewandfalten haben einen typischen *S-Schwung*. Die Gottesmutter zählte zu den beliebtesten Leitbildern der Gotik. Daher wurden zahlreiche Madonnenstatuen für Kirchen und zur privaten Andacht geschaffen. Um 1400, zur Zeit des „Weichen Stils“, wurden in Ostdeutschland und Österreich die sog. *Schönen Madonnen* geschaffen, wie z. B. die abgebildete *Madonna von Krumau*. Das Gewand umflutet bei dieser Skulptur einer fortgeschrittenen Stilstufe den Körper in tiefgehöhlten Faltenmassen.
Die Gotik liebte Juwelen, und die gotischen Skulpturen waren kostbar bemalt. Hände und Gesichter hatten zarte Hautfarbe, das Haar war oft golden. Die Gewänder und Säume wurden mit Ornament geschmückt und mit echten oder falschen Edelsteinen besetzt. Der überirdische Glanz sollte den Eindruck himmlischer Entrückung vervollkommnen.

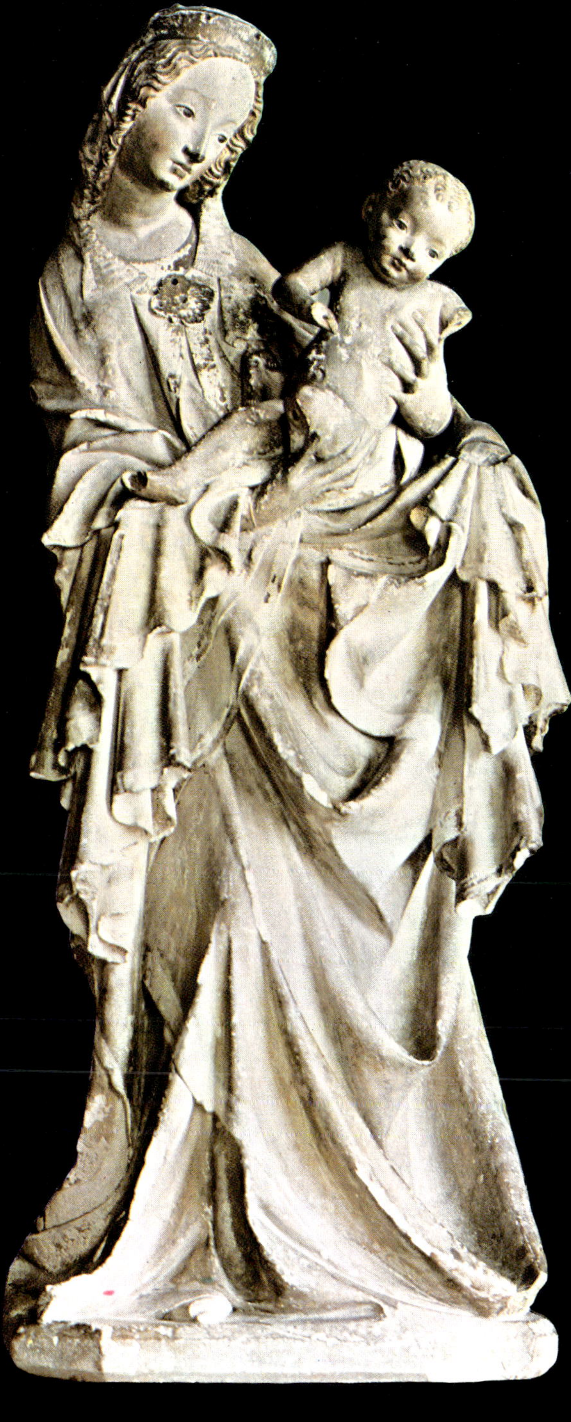

Angewandte Kunst

▶ Die *Glasmalerei* in einem Fenster der *Kathedrale von Chartres* zeigt Szenen aus dem Leben Christi. Die Darstellungen sollen als *Bildfolge* von Szene zu Szene nacheinander gelesen werden.

▼ Die gotische *Glasmalerei* beschränkt sich auf wenige, klar umrissene Figuren. Die typischen Gesten werden stark vereinfacht, die Umgebung wird stilisiert und mit formelhaften Architekturelementen gegliedert.

Unter dem Begriff „angewandte Kunst" versteht man verschiedene kunsthandwerkliche Arbeiten wie *Goldschmiedekunst, Buchmalerei, Glasmalerei, Teppichwirkerei* und anderes mehr im Unterschied zu den großen Gattungen der Architektur, Skulptur und Malerei. Die künstlerische Qualität dieser „angewandten Kunst" kann dabei, wie oft in der Gotik, überragend sein. Die Glasmalerei z. B. erreichte in der Gotik eine unübertroffene Höhe.

Für die besondere Blüte des Kunsthandwerks in der Gotik lassen sich sowohl gesellschaftliche als auch wirtschaftliche Gründe nennen. Im späteren Mittelalter wetteiferten die reichen Kaufleute der Städte mit dem standesbewußten Adel, und beide erteilten den Kunsthandwerkern zahlreiche Aufträge für Schmuck, kostbare Rüstungen, Stickerei, Elfenbeinschnitzerei und gemalte Gebetbücher. Aufträge von privater Seite für Gegenstände, die nicht ausschließlich zum kirchlichen Gebrauch bestimmt waren, gaben den Künstlern größere Freiheit in der Wahl der Motive und des Stils.

Die *Glasmalerei* allerdings hat sich überwiegend im Dienst der großen gotischen Kathedralen entwickelt. Ihr überirdisches Licht trägt wesentlich zur beabsichtigten mystischen Wirkung und der gotischen Wandauflösung

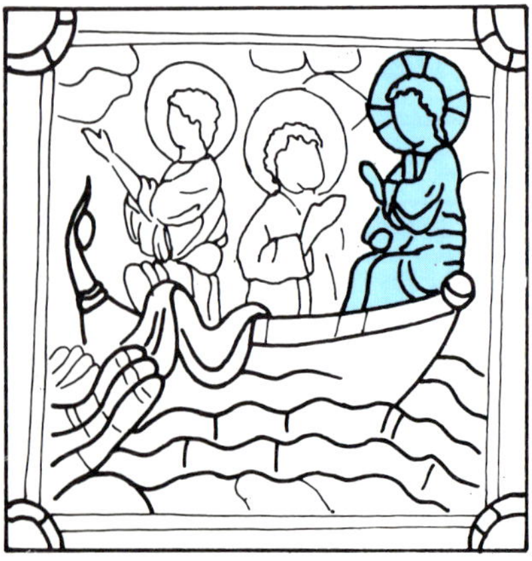

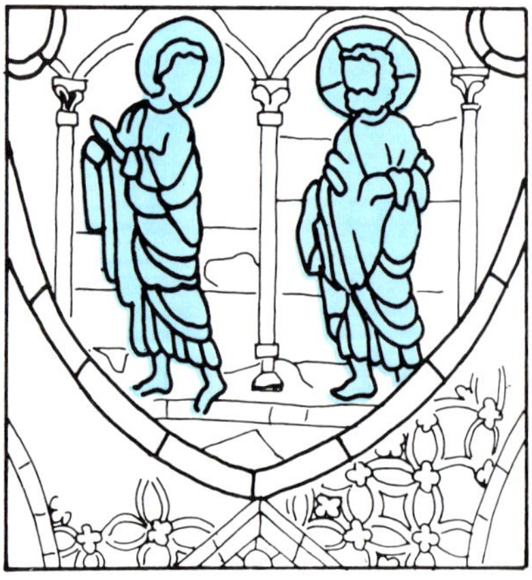

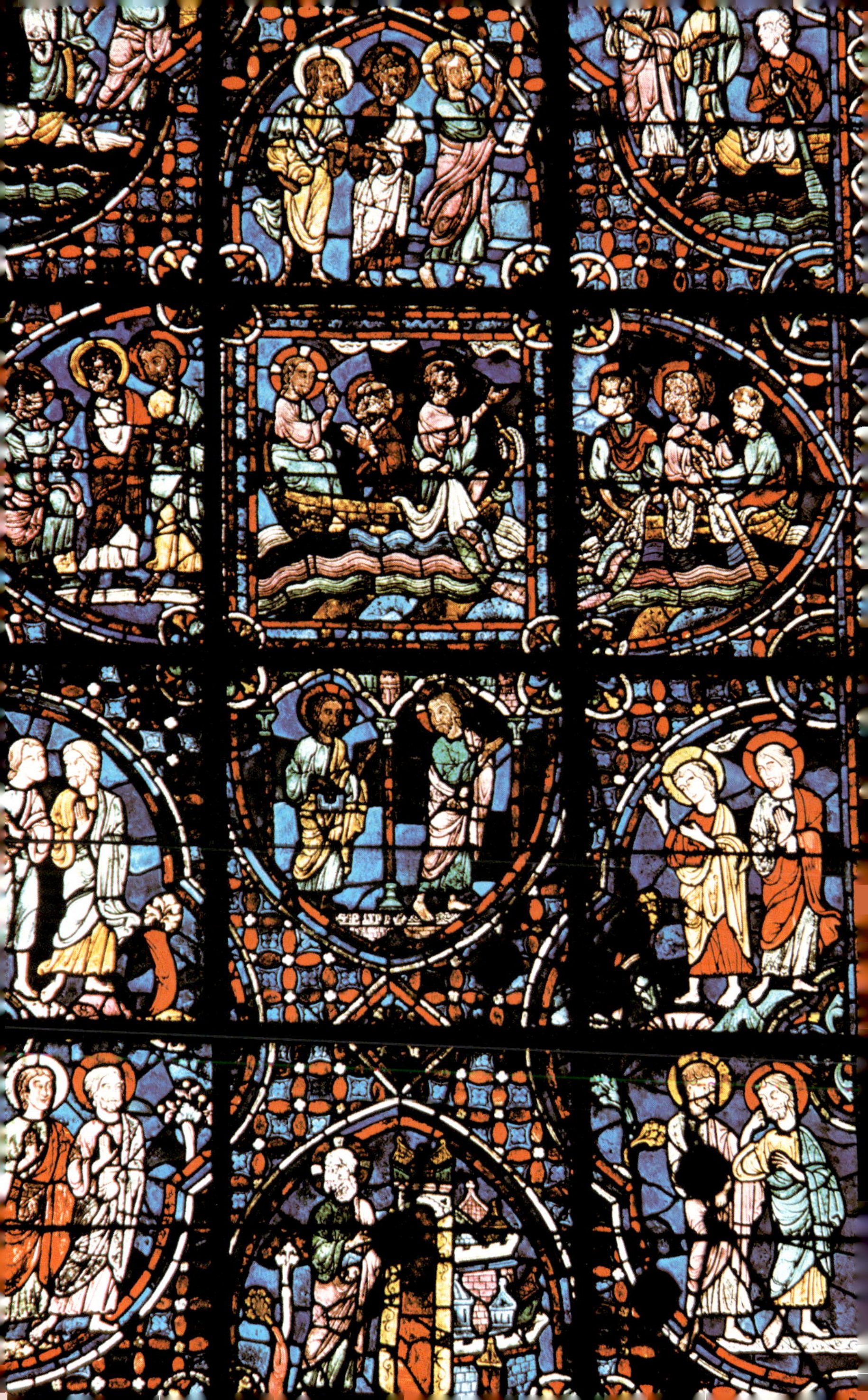

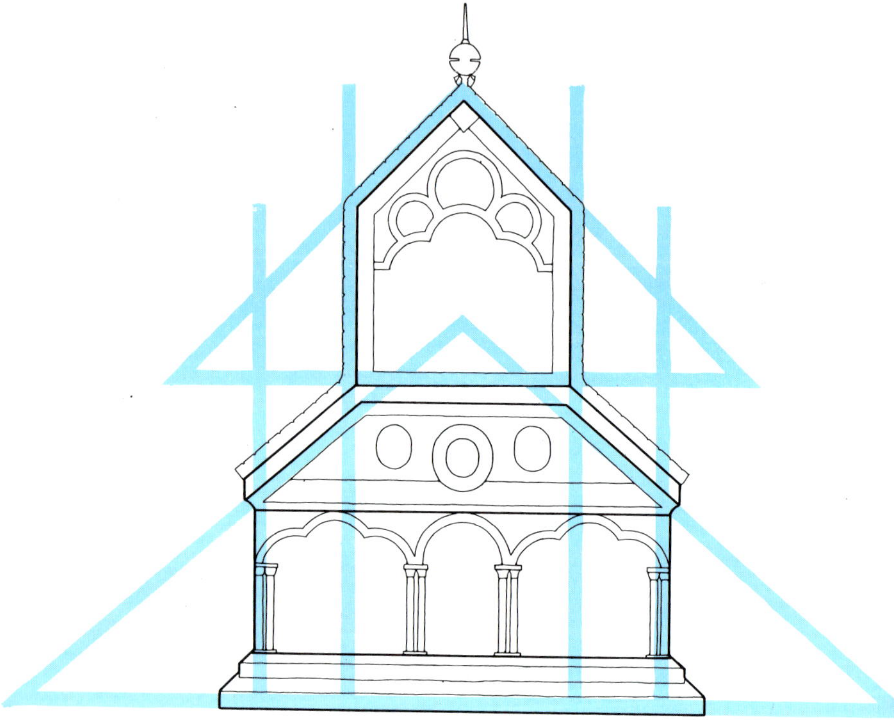

▲ Die Gesetzmäßigkeit geometrischer Grundformen faszinierte die gotischen Künstler. Dieser *Reliquienschrein* entspricht in seiner Grundform einer gotischen Basilika, und seine Konstruktion setzt sich aus einer Folge von Dreiecks- und Kreiselementen zusammen.

bei. Die gotischen Kathedralfenster sind aus kleinen, bunten Glasscheiben zusammengesetzt, die durch *Stege* aus *Blei* zusammengehalten werden. Diese Stege bilden zugleich die Umrisse der Figuren. Die Binnenzeichnung der Gesichter, Hände, Gewänder und sonstigen Details wurde zartlinig mit *Schwarzlot* vorgenommen. Die einzelnen Szenen, aus denen sich ein großes Fenster zusammensetzt, sind häufig in Vielpaßrahmen zusammengefaßt. Szenen aus dem *Alten* wie aus dem *Neuen Testament* sind üblich. Die nötige Klarheit wurde durch die Beschränkung auf ganz wenige Hauptfiguren gewährleistet. Die Figuren sind überlängt und zweidimensional, d. h. nur die Höhe und Breite, nicht aber die räumliche Tiefe ist festgelegt. Der

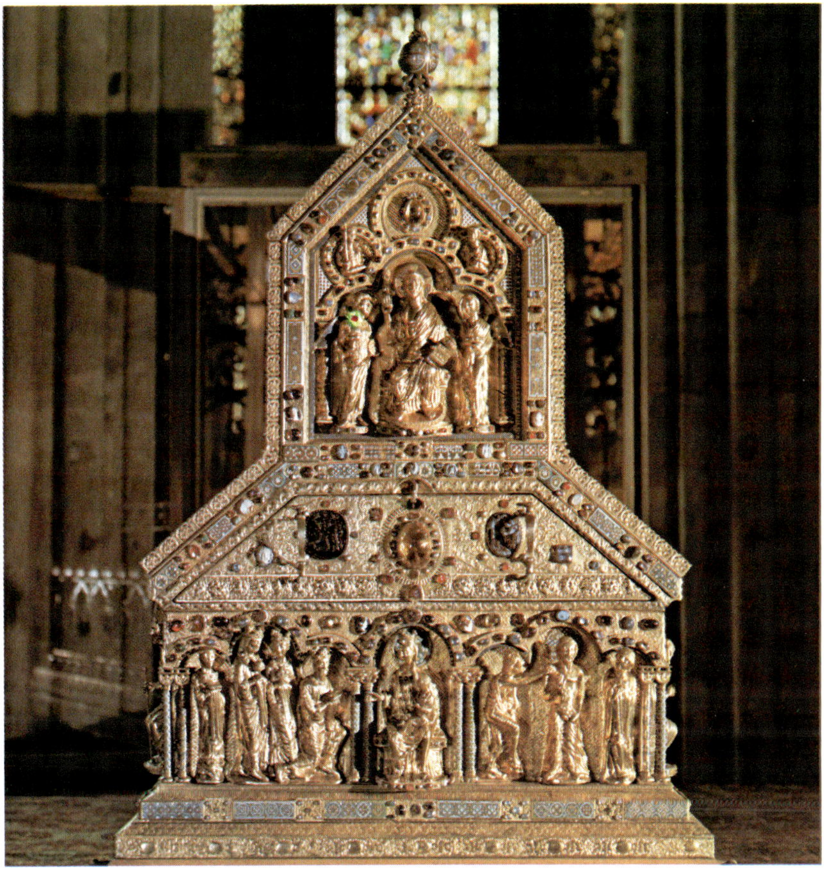

▲ Der *Dreikönigsschrein des Kölner Doms* wurde von dem Goldschmied *Nikolaus von Verdun* und seiner Werkstatt zwischen 1181 und 1230 geschaffen. In der unteren Zone ist die *Anbetung der Könige* und die *Taufe Christi* dargestellt, im oberen Feld *Christus*.

Ausdruck spiegelt sich weniger auf dem Gesicht als vielmehr in den stark vereinfachten *Gesten*.
Hintergrund und Umgebung sind ebenso zweidimensional mit geringer Tiefenandeutung behandelt: ein Stilmerkmal nicht nur der gotischen Glasmalerei, sondern ebenso der gesamten gotischen Malerei. Architekturdetails werden üblicherweise durch Spitzbogen auf dünnen Säulen wiedergegeben, Landschaften durch formelhaft stilisierte Felsen und Bäumchen, während Meer und Flüsse durch stilisierte Wellenbänder wiedergegeben werden.
Berühmt war auch die *Goldschmiedekunst* der Gotik, sowohl durch die Qualität des Entwurfs als auch durch das Material, das verwendet wurde. Die Entwicklung der goti-

schen Goldschmiedekunst läßt sich nicht nur aus der Prunkliebe der Könige, des Adels, der Bürger und der Geistlichkeit erklären, denn für die mittelalterlichen Menschen bedeutete die Kostbarkeit des Materials zugleich einen geistigen Wert, zudem waren die meisten Goldschmiedearbeiten der Zeit zum kirchlichen Gebrauch bestimmt: Kelche und Monstranzen, Reliquiare und Weihrauchbehälter. Gold- und Silberarbeiten dieser Art waren der Stolz des Kirchenschatzes mancher Kathedrale oder eines reichen Klosters. Diese Schätze wurden im Lauf der Zeit zerstreut und ausgeraubt, denn ihr Wert war eine allzu große Versuchung für die Mächtigen der Welt.

Die gotischen Goldschmiedearbeiten waren zudem oft mit Edelsteinen und Perlen, Filigran und Email verziert. Die Schmuckelemente der gotischen Architektur waren ein bedeutendes Vorbild für die Ornamentik der gotischen Goldschmiede, die häufig ihre Reliquiare und Monstranzen wie gotische Minaturgebäude gestalteten, ausgestattet mit Fia-

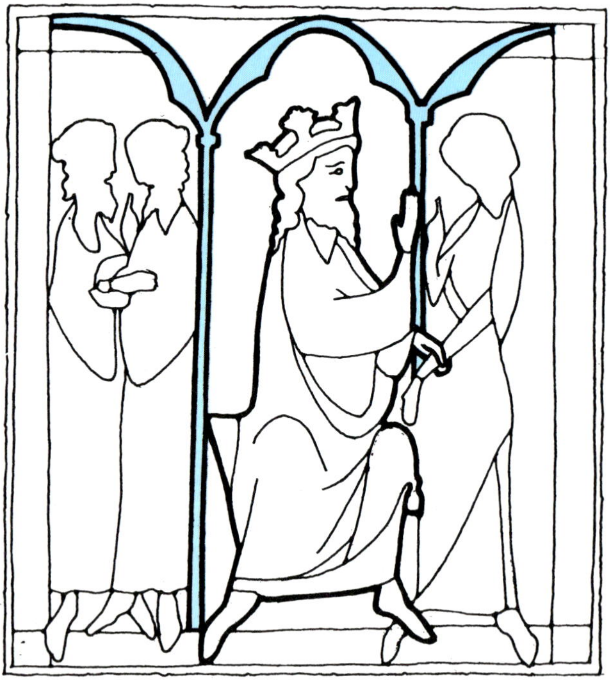

▶ Diese *Buchminiatur* im traditionellen gotischen Stil ist zweidimensional und faßt die Figuren unkörperlich vor einem teppichartigen Hintergrund zusammen. Die Hauptgestalt kommt in die Mitte, die Gesten sind sprechend. Es geht um ausdrückliche Darlegung und nicht um Realitätswiedergabe.

len und Strebebogen. Eine der berühmtesten Goldschmiedearbeiten der Zeit ist der *Dreikönigsschrein im Kölner Dom,* ein Reliquiar, das der Goldschmied Nikolaus von Verdun mit seiner Werkstatt in jahrelanger Arbeit schuf. Dieser Schrein besteht aus einem Eichenholzkasten zur Aufnahme der Reliquien, der die Gestalt einer Basilika mit einem sehr hohen Mittelschiff und zwei Seitenschiffen hat. Er ist mit einem Mantel aus Metallplatten und Relieffiguren aus vergoldetem Silber und Goldblech mit eingesetztem Email, Edelsteinen und Filigran bedeckt. Der Dreikönigsschrein entspricht einer gotischen Kathedrale.

Die *Buchmalerei* der Gotik brachte wie die gotische Glasmalerei einzigartige Meisterwerke hervor. Die *Miniaturen* wurden auf das Pergament der handgeschriebenen Bücher gemalt, denn der Buchdruck kam in Europa erst nach der Mitte des 15. Jahrhunderts in Gebrauch.

Seit der Mitte des 13. Jahrhunderts war *Paris* ein führendes Zentrum der gotischen Buchmalerei, doch gab es zahl-

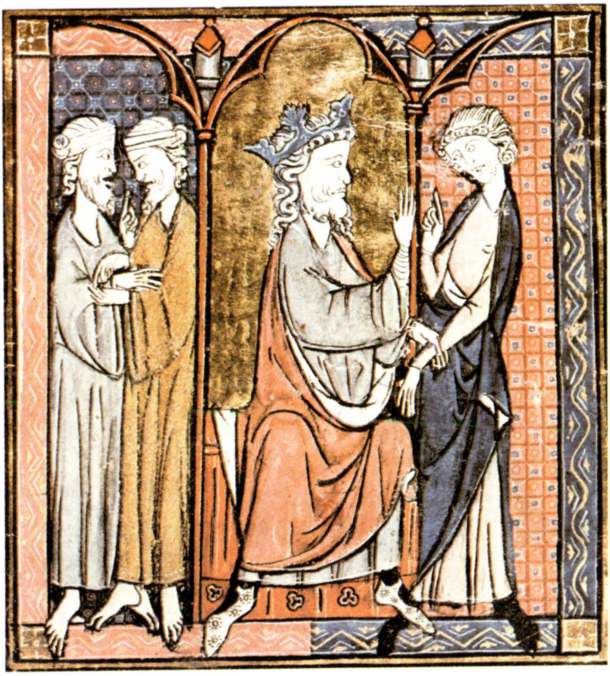

▶ Diese französische *Buchminiatur* aus der Chronik von St. Denis zeigt Karl d. Gr. in einer legendären Szene, wie er einen Gesandten beauftragt. Seitlich stehen die ins Gespräch vertieften Räte. Die Darstellung ist ornamental verflochten, jedoch aufgrund der wirkungsvollen Vereinfachung einleuchtend.

reiche verschiedene Schulen, und gegen Ende des Mittelalters waren die *flämischen Buchmaler* führend. Die Entwicklung der Buchmalerei wurde durch den Austausch von gemalten Handschriften gefördert. Ehemals waren die liturgischen Bücher ausschließlich im Besitz der Klöster gewesen, doch der sich ausbreitende allgemeine Wohlstand rief auf allen Gebieten der gotischen Kunst eine verstärkte Nachfrage durch den Adel und die reichen Bürger als Auftraggeber für *Gebetbücher* hervor. Die Buchmaler bekamen nun auch Aufträge für Bücher, die kleiner und handlicher waren als die Bibeln und Evangeliare von einst zum gemeinsamen mönchischen Chorgesang: Die *Psalter* (Buch der alttestamentlichen Psalmen) und *Stundenbücher* (Gebetbücher) für den privaten Gebrauch.
Die *Buchminiaturen* hatten sowohl eine dekorative als eine erzählende Funktion. Die *Initialen* am Anfang des Buches und seiner Kapitel hatten eine dekorative Aufgabe, aus ihnen konnten sich Arabesken und Ranken entwickeln, die oft seitenweise Randleisten bildeten. In ihnen fanden auch weltliche und erzählende Motive Eingang, es

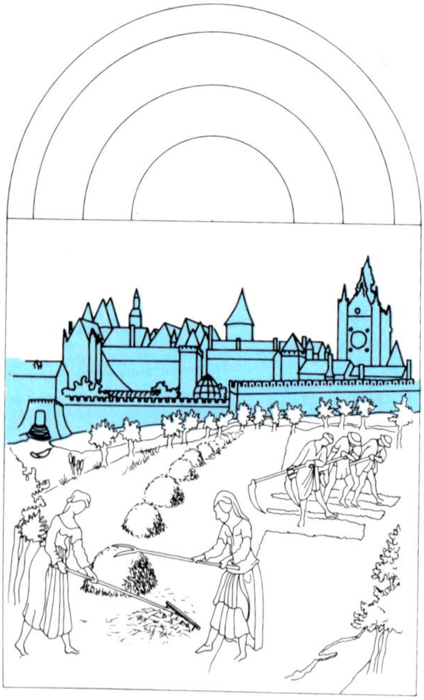

◀ ▶ *Monatsbild Juni* aus den *Très Riches Heures* des *Herzogs von Berry*. Dargestellt ist eine *Ernteszene* vor den Mauern von *Paris* mit einer detaillierten Darstellung des *Palais de la Cité* und der *Sainte Chapelle*. Die *Buchminiatur* wurde von den Brüdern Limburg um 1416 gemalt. In diesem Werk der fortgeschrittenen Gotik hat die Naturbeobachtung außerordentlich zugenommen. Dem landschaftlichen Hintergrund wird nun ebenso große Aufmerksamkeit gewidmet wie den lebenswahr beobachteten Vordergrundsfiguren.

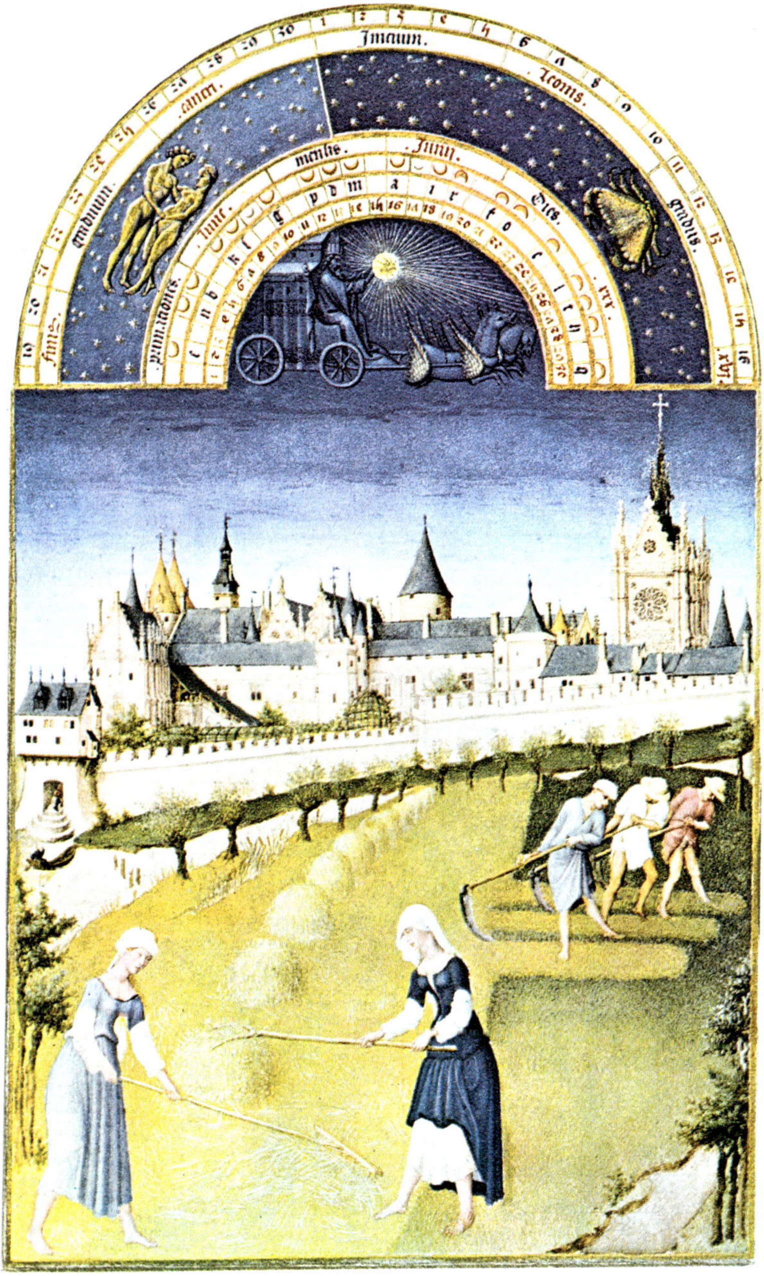

wurden kleinfigurig Pflanzen und Tiere eingestreut sowie kleine Szenen. Andere Beispiele füllten ganze Buchseiten mit den Text begleitenden *Miniaturen.* In einigen Fällen wurde nur *eine* Darstellung gewählt, in anderen mehrere Szenen pro Seite. Die einzelnen Szenen konnten auch in Kleeblattrahmen gefaßt werden, so daß die Buchseiten an bunte Glasfenster erinnern, ein Effekt, der durch die leuchtenden Farben verstärkt wird.

Der Stil der Buchminiaturen ist – wie bei der Glasmalerei – wiederum zweidimensional und die eleganten und reich gekleideten Figuren sind häufig von Goldgrund umgeben. Die Zeichnung ist minuziös. Wie in der Goldschmiedekunst ist der Reichtum der Kompositionen, der Glanz der Farben und des Goldes für den mittelalterlichen Menschen ein augenfälliger Beweis für den Wert des Gehalts der heiligen Schriften. Die Buchmaler beschäftigten sich im Lauf der Zeit jedoch nicht nur mit religiösen Themen. Die *Très riches heures,* das *Stundenbuch des Herzogs von*

▶ Die kostbare *Stikkerei* für den Orden des Goldenen Vlieses zeigt die *mystische Vermählung der hl. Katharina mit dem Jesuskind.* Die Madonna als Hauptfigur sitzt in der Mitte. Räumlichkeit wird durch eine kastenartige Bildbühne mit Baldachinwölbung angedeutet.

▶ Die *Körperlichkeit* der Gestalten wird durch die schweren *Gewänder* gezeigt, die sich in ruhigem Fluß nach vorne entfalten.

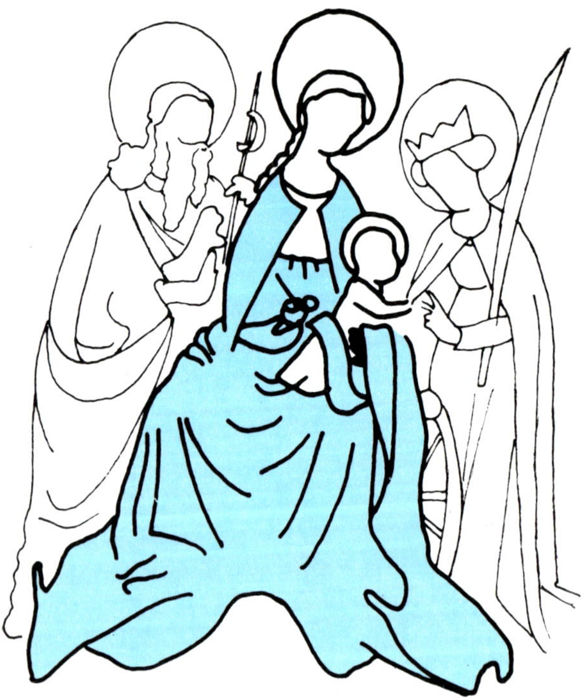

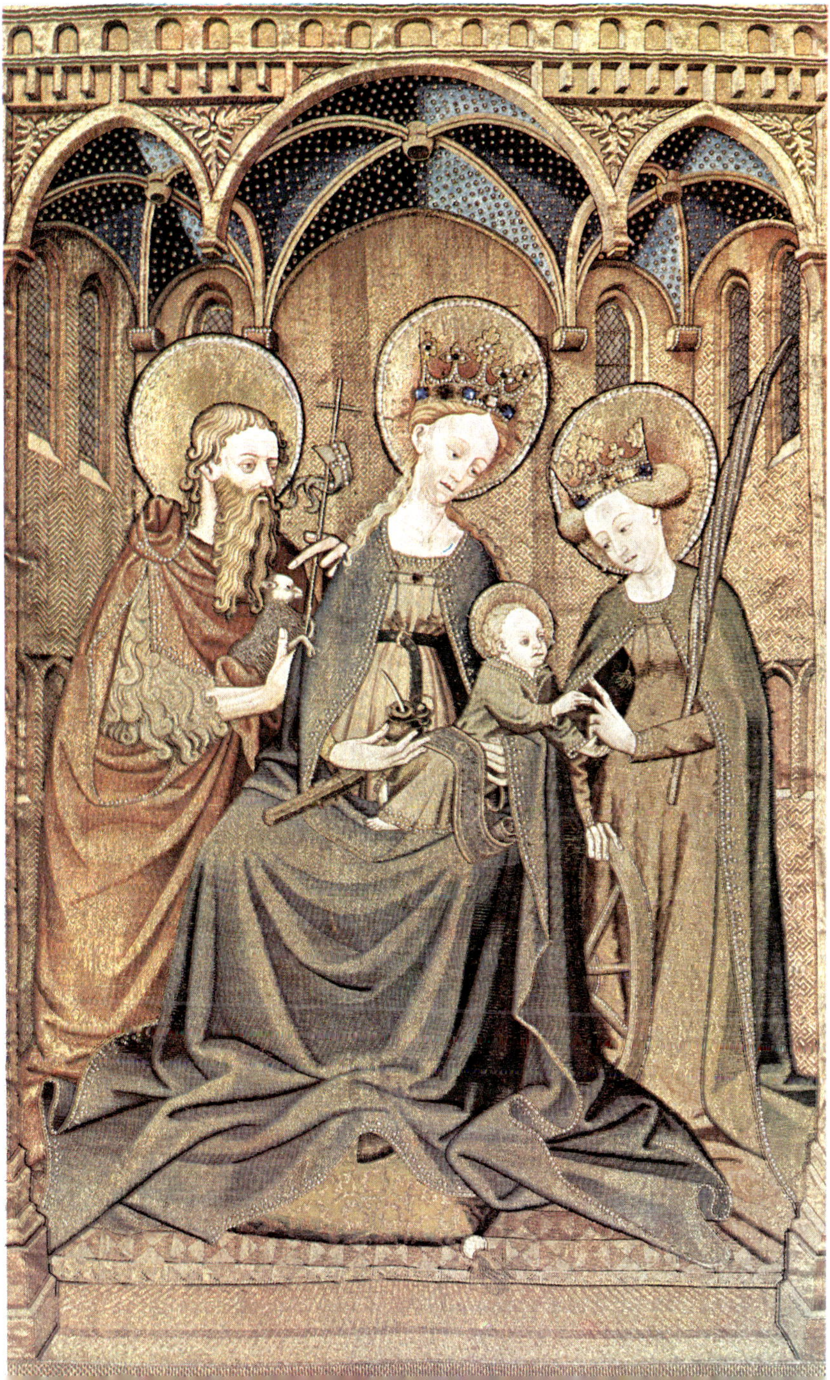

▶ Die überlängte Gestalt der *Dame mit dem Einhorn* entspricht dem Stilgefühl der Gotik. Die schlanke Gestrecktheit wird durch einige Vertikalelemente erreicht: die Frau selbst, ihre Haare, die Längsfalten, der herabhängende Gürtel, das mystische Einhorn, der Schaft des Banners, die zierlichen Bäumchen. Eine aufsteigende Schräge verläuft von der Schwanzspitze des Tieres über das Wappenband, den Arm und Kopf der Frau bis zum Banner mit dem Wappen der Familie La Vista, die den Auftrag gab.

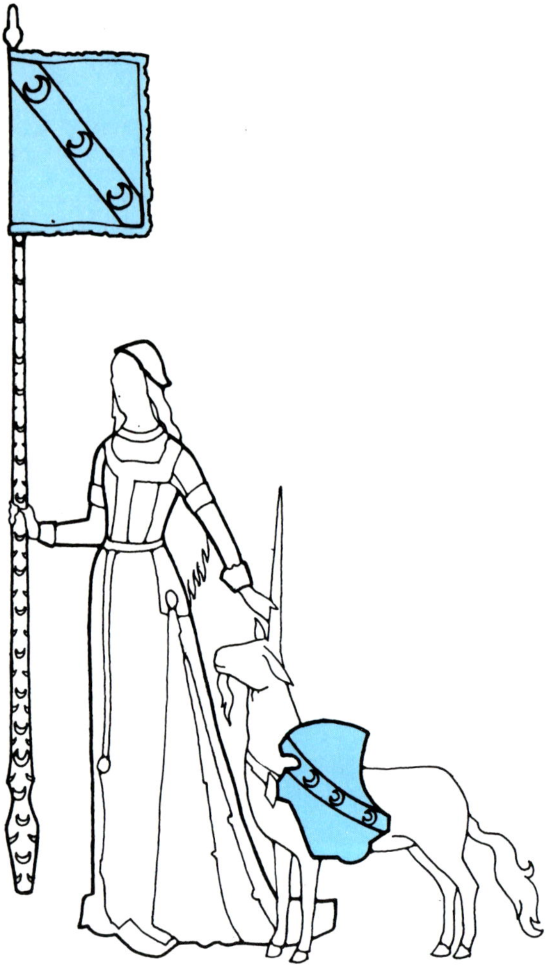

Berry, das um 1416 entstand, enthält eine Folge von Szenen, die mit feinsten Details bereicherte *Monatsbilder* wiedergeben: ländliche Arbeiten, Jagd und Feste, Alltagsszenen. Im Hintergrund sind berühmte französische Schlösser der Zeit mit äußerster Akribie wiedergegeben.
Wirkteppiche (Gobelins) wurden in gotischer Zeit häufig geschaffen. Sie waren mit figürlichen Darstellungen reich geschmückt, enthielten bunte Ornamente, Darstellungen von Tieren und Pflanzen. Diese oft großen Teppiche dienten als Wandschmuck zur Bereicherung der kargen Ausstattung der Wohn- und Repräsentationsräume. Weltliche Themen wurden bevorzugt, Ritterszenen, Allegorien und

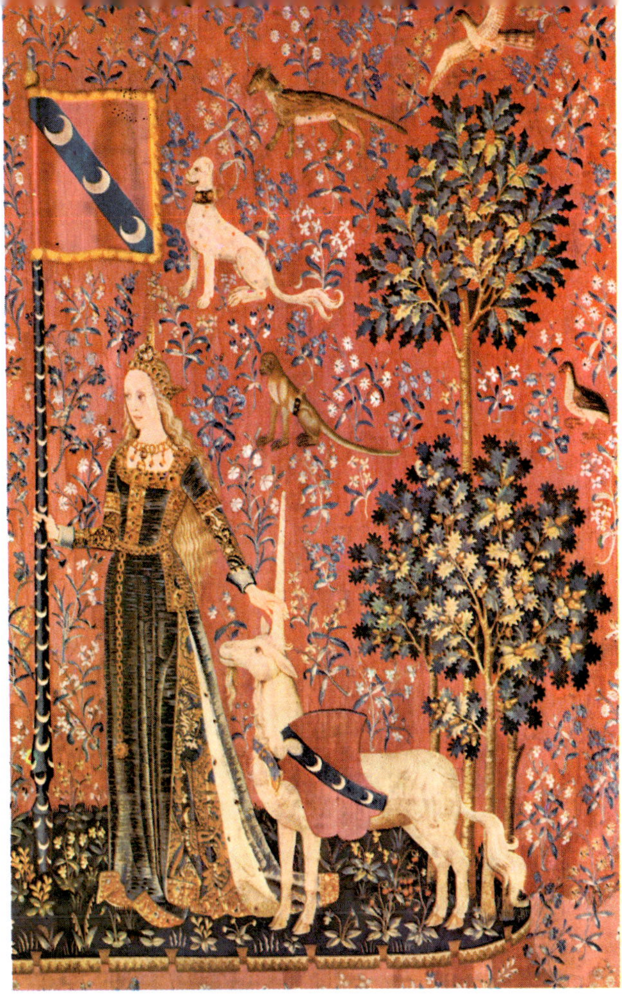

▶ Der *Wirkteppich* der *Dame mit dem Einhorn*, der um 1500 entstand, schmückte zusammen mit 5 Pendants ursprünglich die Räume des französischen *Château de Boussac (Creuse)*. Die spätgotische Schmuckfreude zeigt sich hier in ihrer ganzen Fülle. Das Rot des Hintergrundes, in das die zierlichen Blumen und Tiere eingestreut sind, steht in reizvollem Kontrast zu dem dunkelgrünen Gartengrund, auf dem Dame und Einhorn stehen.

Sagendarstellungen. Diese schmuckfrohen Bilder, die zahlreiche Naturelemente in stilisierter Form aufnehmen, erscheinen uns eigenartig märchenhaft und bezaubernd. Ein wichtiges Zentrum der Wirkteppichherstellung war im Mittelalter *Paris*, doch gab es auch auf diesem Gebiet verschiedene regionale Schulen, so etwa am Oberrhein. Im 15. Jahrhundert befanden sich wichtige Zentren der Teppichwirkerei in *Flandern* – Arras, Brügge, Tournai, Brüssel –, deren Blüte sich noch lange fortsetzte. Die erhaltenen Wirkteppiche der Gotik vermitteln ein Bild von der Schmuckfreude, dem Einrichtungsgeschmack und der Mode der Zeit.

Die Malerei

▶ *Stephan Lochners Anbetung des Kindes*. Dieses kleine Temperagemälde auf Holz (36 × 23 cm) entstand in der ersten Hälfte des 15. Jahrhunderts. Es war als privates Andachtsbild bestimmt. Gotisch ist die zarte Feingliedrigkeit der Gestalten sowie der sich nach oben verjüngende Kompositionsaufbau. Die Naturbeobachtung hat im Detail erheblich zugenommen, wie sich an der Charakterisierung von Holz, Stroh und Haaren zeigt. Mit meisterlicher Sorgfalt werden die einzelnen Bildelemente über die Fläche verteilt.

Während der Gotik nahm die *Malerei* nicht soviel Raum ein wie in späteren Epochen. Die gotische Architektur hatte die Wandauflösung zum Prinzip, daher blieb hier (im Gegensatz zur Glasmalerei) kaum Gelegenheit zur Ausmalung, auch das gotische Gewölbe eignete sich nicht dafür. In Italien, wo sich die nordische Gotik nur bedingt durchsetzte, überwogen andere Traditionen. Hier erreichte die Gotik nie jene Steilheit und Durchbrechung wie in den französischen, englischen oder deutschen Kathedralen. Die Vorliebe für geschlossene Wände, die mit monumentalen Fresken bedeckt sind, überwog; im übrigen Europa sind die großen erzählenden Bildzyklen selten.
Die gotische Malerei erfüllte zahlreiche Aufgaben als Dekoration der Räume von Burgen und der Häuser der Bürger. *Wandmalerei* war in jedem Fall billiger als die kostbaren Wirkteppiche. Beliebt waren zur malerischen

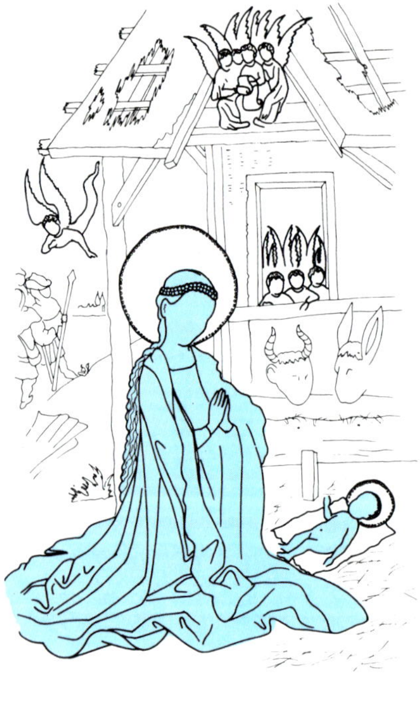

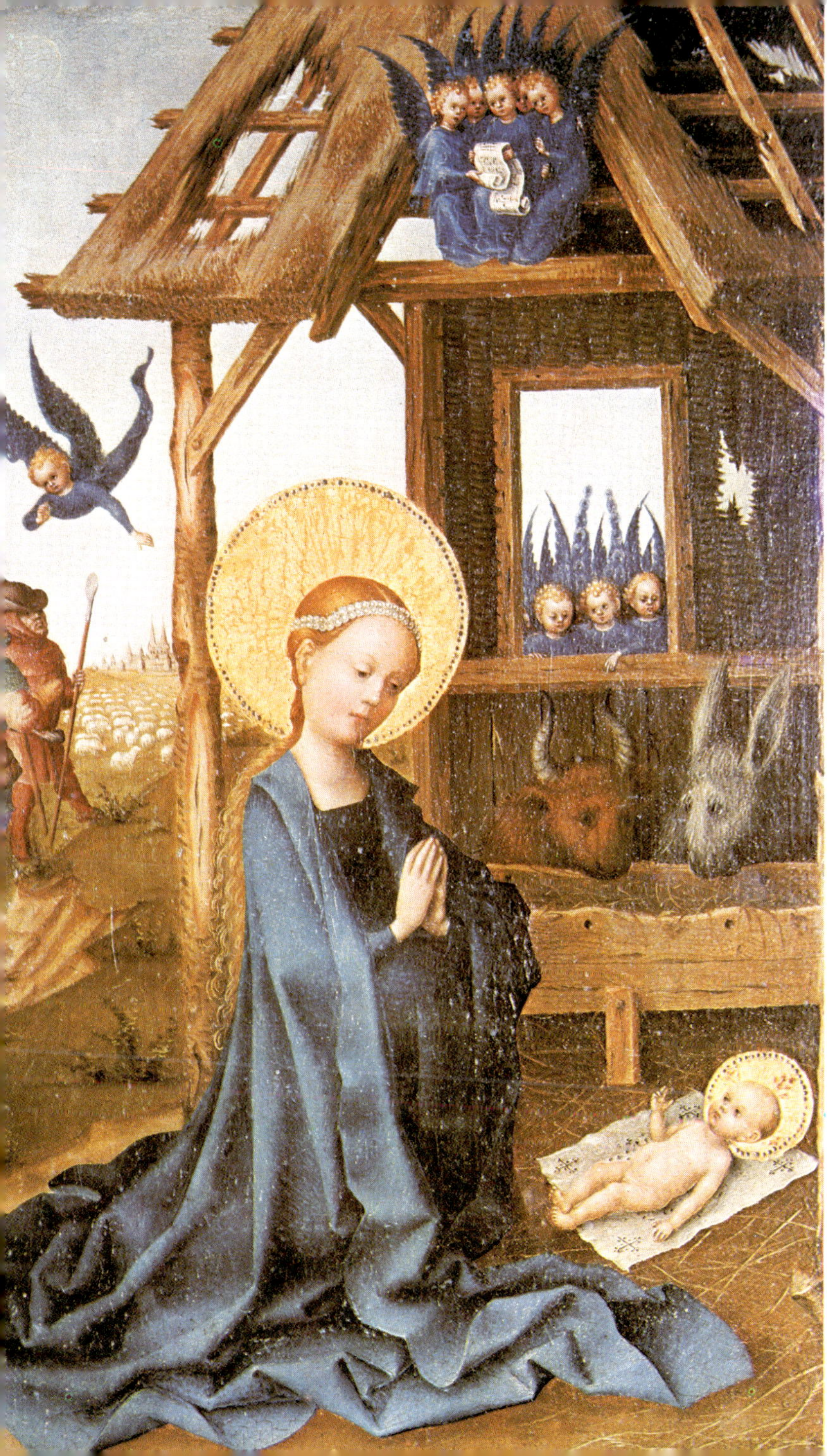

▼ Die gotischen Spitzbogen dieser *Verkündigung* bilden ein Triptychon, doch ohne Pfeiler, um den Zusammenhang der Szene nicht zu unterbrechen. Die *Lilien* in der Mitte sind Mariensymbole.

Raumausstattung im weltlichen Bereich Rittersagen, Szenen des höfischen Lebens, allegorische Figuren, Wappen, doch auch die teppichhafte Bemalung der Wand mit Ornamenten und Ranken, zwischen denen kleine Figuren eingestreut sind. Die Gotik widmete dem Naturdetail große Aufmerksamkeit, doch gewann es innerhalb der Ge-

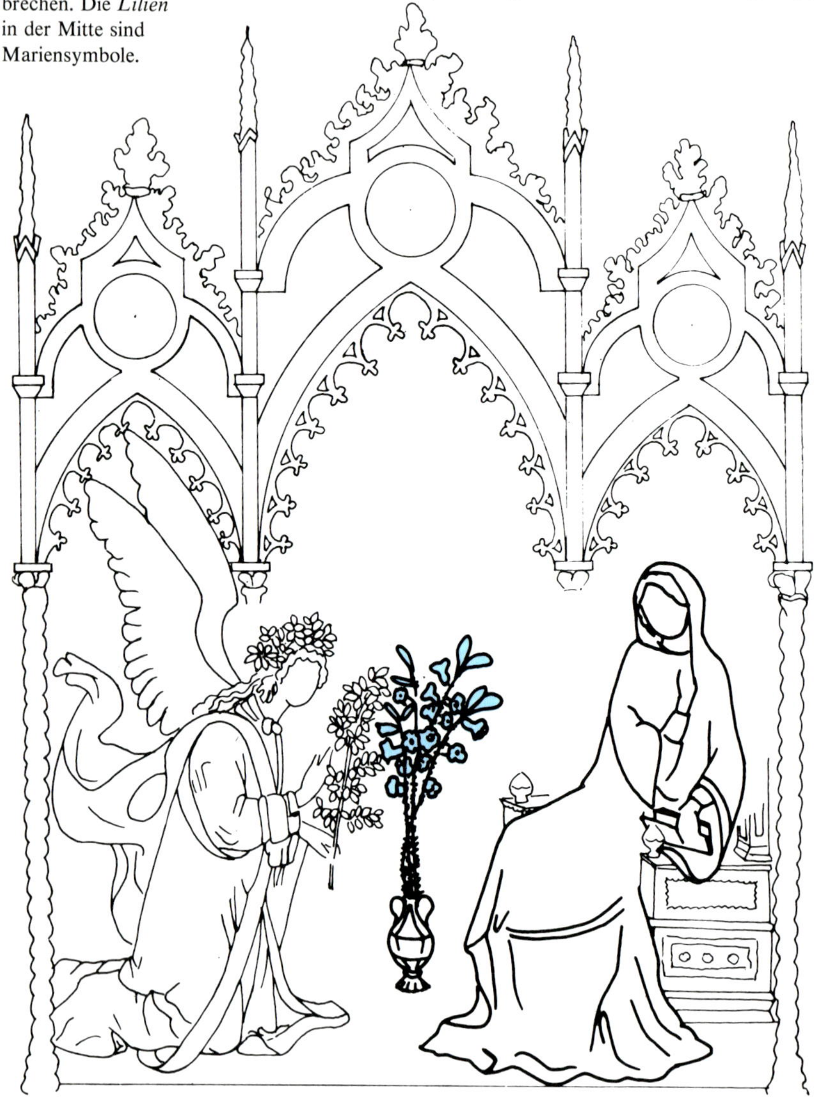

samtkomposition nur beiläufige Bedeutung. Da die traditionelle religiöse Thematik meist die Szene beherrschte, konnte das Interesse für die irdische Natur nur vom Rand und vom Hintergrund her allmählich an Boden gewinnen. Es entwickelten sich verschiedene Formen der gotischen *Tafelmalerei* auf Holz. Adel und Bürgertum gaben kleine *Andachtsbilder* und *Tragaltärchen* zum privaten Gebrauch in Auftrag, während in die Kirchen größere gemalte Altarbilder gestiftet wurden. Dies konnten einzelne Tafelbilder sein oder häufiger *Flügelaltäre* mit aufklappbaren, mit Szenen bemalten Flügeln, die den Kirchenfesten entsprechend geöffnet oder geschlossen werden konnten.

▼ Die *Verkündigung* von *Simone Martini.* Dieses außergewöhnlich große Temperagemälde auf Holz (2,65 × 3,05 m) wurde 1333 für einen Altar des Doms zu *Siena* geschaffen. Die Gotik kam dem lyrischen Charakter der sienesischen Malerei entgegen.

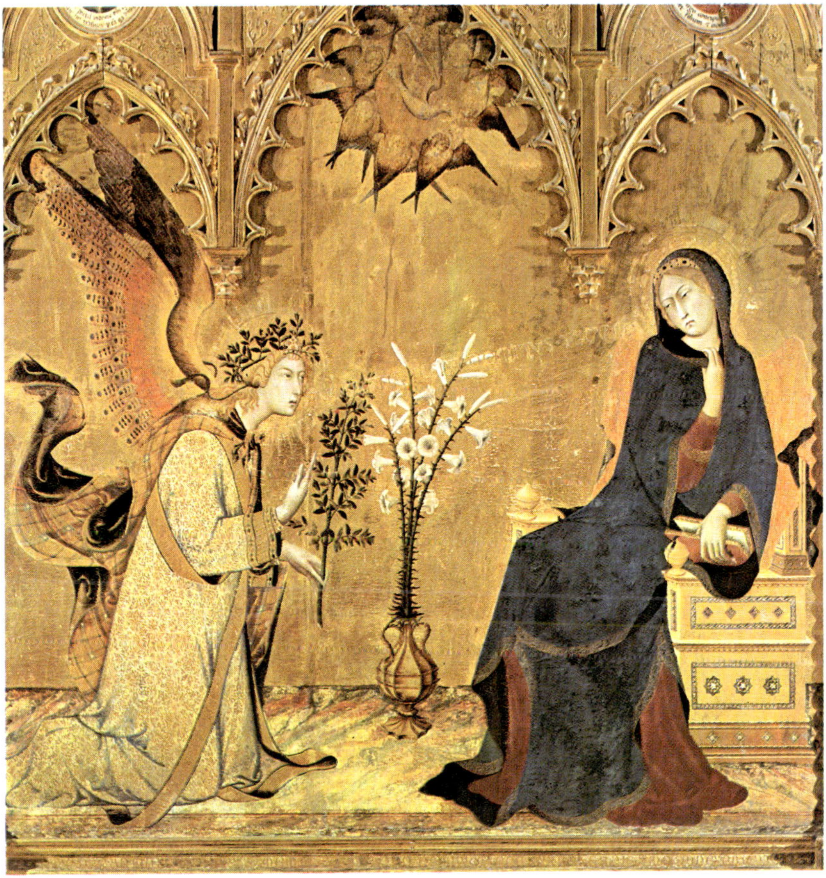

Der dreiteilige Klappaltar wird als *Triptychon* bezeichnet, der zweiteilige als *Diptychon.* In den Schrein größerer schrankartiger *Flügelaltäre* wurden häufig geschnitzte *Heiligenstatuen* eingestellt, ebenso erhielten die bemalten Flügel ornamentale geschnitzte Verzierungen, und auf den Altar kam als Aufbau das geschnitzte, architektonisch gegliederte *Gesprenge* mit Fialen, Ranken und Krabben.

Wie die Buchmalerei wandte auch die gotische Malerei dem Detail besondere Aufmerksamkeit zu, während Perspektivprobleme und die Raumwiedergabe weniger interessierten. Die Heiligengestalten stehen häufig vor *Goldgrund,* der aus echtem Blattgold besteht, den Eindruck überwirklicher Realität verstärkt und zugleich den Glanz der Farben erhöht. Im Dienst der religiösen Malerei ging es den gotischen Malern überwiegend um den mystischen Eindruck göttlicher Entrücktheit.

Die Illusion des irdischen Raumes war dagegen kein vordringliches Anliegen der gotischen Malerei, im Gegensatz zu der der Renaissance.

Die Gesichter der gotischen Figuren, vor allem der Frauen, sind sanft und zart und einem jugendlichen Schönheitsideal gemäß stilisiert: hohe gerundete Stirn, dünner Hals mit langer Nackenlinie, mandelförmige Augen. Diese Gestalten scheinen in einer Welt holdseliger Anmut und harmonischer Ruhe zu leben, die Gemeinheit der Alltags-

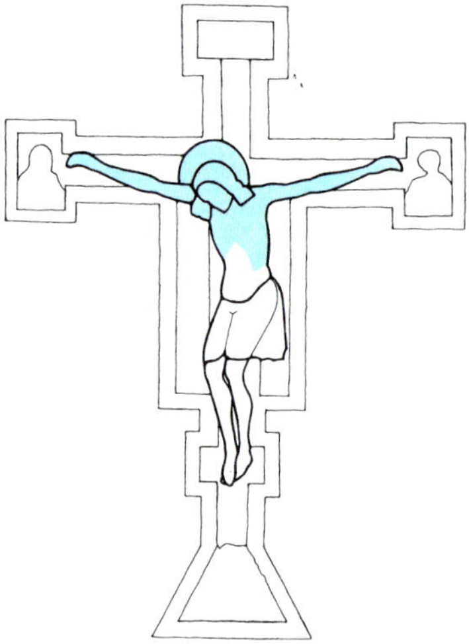

▶ *Giotto di Bondones Kruzifixus,* ein Werk des späten 13. Jahrhunderts, wurde in Tempera auf Holz gemalt und mißt 5,78 × 4,06 m. Der Leib Christi nimmt die Spannung der Arme und die Neigung des Kopfes auf. Der Körper des Gekreuzigten mit dem gebeugten Haupt steht im Kontrast zu den Armen. Der Florentiner Maler *Giotto* war ein Erneuerer der Kunst, ein Vorläufer der italienischen Renaissance, er stand im Gegensatz zu der Schönlinigkeit der Gotik. Ihm ging es darum, den leidenden Christus zu vergegenwärtigen. Daher arbeitete er den *Körper* sorgfältig mit Hell-Dunkel-Modellierung unter Beachtung anatomischer Details plastisch heraus.

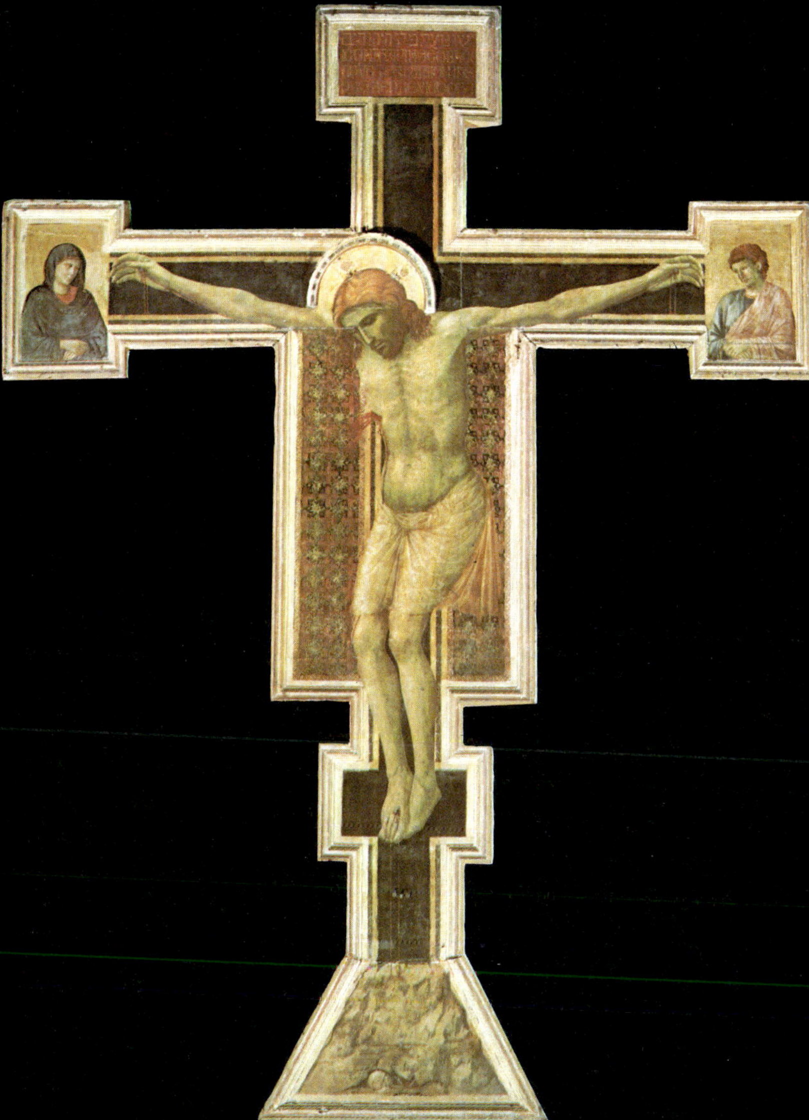

▶ Der stilisierte Hintergrund mit den Felsen und kleinen Bäumen ist typisch für die gotische Malerei, ebenso die zarte Schlankheit des Auferstandenen, dessen Vertikalität die Kreuzesfahne unterstützt. Ein Gegengewicht bildet der schräggelagerte schwere Sarkophag. Die Grabeswächter sind beiseitegerückt. Die unwirkliche Atmosphäre ist ebenso typisch für gotische Kunst.

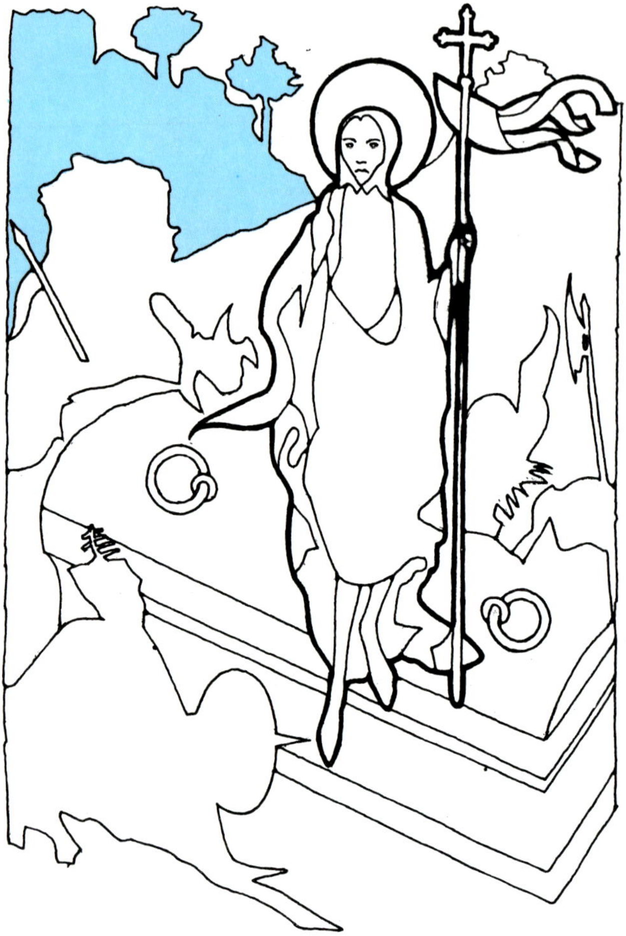

welt bleibt ausgeschlossen. Die Madonnen und Heiligen tragen langfallende Gewänder und Mäntel, die in schweren Falten den Körper harmonisch umspielen. Die edlen Ritter tragen glänzende Rüstung, und hohe Geistliche knien vornehm gewandet im Gebet. In der Regel ist der architektonische Rahmen stilisiert, doch häufig kommen in der Umgebung naturalistische Elemente vor wie Felsen, Bäume, Blumen, Tiere.

Innerhalb der gotischen Malerei entwickelten sich zahlreiche Schulen, die das geschilderte Prinzip unterschiedlich variierten. Eine selbständige Stellung nahm in goti-

▶ Die *Auferstehung Christi* des *Meisters von Wittingau* (bzw. Trebon) wurde 1390 gemalt. Dieser Altarflügel des namentlich nicht näher bekannten Malers hat das Format 1,32 × 0,92 m. Die Farbkomposition basiert auf dem überlegten Kontrast von Rot – Mantel Christi, Himmel mit goldenen Sternen, Gewand des Wächters vorn –, dem grauvioletten Grab und der nächtlichen Silhouette der Hintergrundslandschaft.

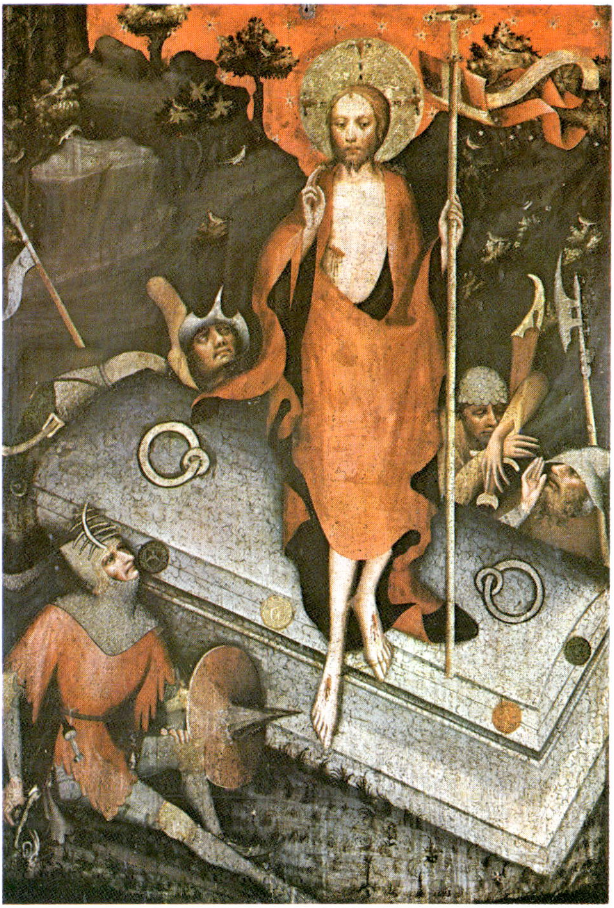

scher Zeit in Oberitalien der Maler *Giotto* ein. Sein *Kruzifix in Santa Maria Novella in Florenz* verrät ein intensives Interesse an der plastischen Wiedergabe des Körpers. Eine besondere Entwicklung größter Reichweite nahm die *flämische Schule.* Seit etwa 1420 wurde hier die Technik der *Ölmalerei* durch die Brüder Jan und Hubert van Eyck vervollkommnet. In der Behandlung der *Farbe* gab es innerhalb der einzelnen Schulen erhebliche Unterschiede. Im Werk des böhmischen *Meisters von Wittingau* (oder Trebon) z. B. wird die lichte Klarheit des gotischen Stils durch dumpfere Gegensätze ersetzt.

Fachausdrücke

Apsis: Runder oder polygonaler Chorabschluß meist im Osten, z. T. auch im Westen der Kirche.

Archivolten: Abgetreppte Bogenläufe über Portalen oder Fenstern, meist mit plastischem Schmuck.

Arkaden: Auf Pfeilern oder Säulen ruhende Bogenstellungen.

Basilika: Kirche, deren Mittelschiff höher ist als die Seitenschiffe.

Basis: Fuß einer Säule oder eines Pfeilers.

Chorumgang: Gewölbter Umgang zwischen Chor und Apsis einer Kirche.

Decorated Style: Stilbezeichnung der Englischen Gotik vom späten 13. bis späten 14. Jahrhundert. Charakteristisch ist die reiche Ornamentik.

Diptychon: s. Flügelaltar.

Early English Style: Stil, mit dem die eigentliche englische Gotik einsetzt. (Ende 12. bis Ende 13. Jahrhundert.)

Fiale: Spitze Bekrönung eines Strebepfeilers.

Flügelaltar: Altaraufsatz mit bemalten Tafeln oder Schrein mit plastischen Figuren. Wenn der Altar zwei Flügel hat, spricht man von Diptychon, bei drei Flügeln von Triptychon und bei mehreren Flügeln von Polyptychon.

Gewölbe: Ausgehend vom Tonnengewölbe entwickelt sich das Kreuzgewölbe aus zwei sich rechtwinklig durchdringenden Tonnen. Dadurch entstehen Grate, man spricht vom Kreuzgratgewölbe. Wird das Kreuzgewölbe durch Rippen verstärkt, so entsteht das typisch gotische Kreuzrippengewölbe. Sterngewölbe, Netzgewölbe, Fächergewölbe leiten sich von dieser Grundform ab.

Gurtbogen: Verbindet zwei gegenüberliegende Wandpfeiler, gibt die Jocheinteilung und untergliedert das Gewölbe.

Hallenkirche: Dreischiffige Kirche mit gleicher Höhe von Mittelschiff und Seitenschiffen.

Kapitell: Kopfstück einer Säule oder eines Pfeilers.

Kappen: Teilstücke eines Gewölbes.

Maßwerk: Geometrische, ornamentale Schmuckform zur Unterteilung des gotischen Fensters.

Mittelschiff: Mittlerer Raum einer Kirche, dem Seitenschiffe zugeordnet sind.

Obergaden: Fensterreihe an der oberen Mittelschiffwand einer Basilika.

Perpendicular Style: Sonderform der Spätgotik in England im 15. Jahrhundert. Typisch sind vertikale, sehr schlanke Formen.

Pfeiler: s. Säule.

Polyptychon: s. Flügelaltar.

Säule: Architektonische Stütze in zylindrischer Form. Bei quadratischem oder rechtekkigem Grundriß spricht man von Pfeiler.

Schlußstein: Stein im Scheitelpunkt der gotischen Rippen.

Stabwerk: Senkrechte Pfosten, die das Maßwerk des gotischen Fensters unterstützen.

Strebebogen: Verbindet Mauerwerk und Strebepfeiler. Strebebogen und -pfeiler dienen der Abstützung der Wand und der Ableitung des Gewölbeschubs.

Strebepfeiler: Der Kirchenwand außen vorgelegter Pfeiler zum Abfangen des Gewölbeschubs.

Tempera: Maltechnik, gebräuchlich vor allem bis zum 15. Jahrhundert. Die Farbe wird mit einem eiweißhaltigen Bindemittel gemischt.

Triforium: Laufgang an der Mittelschiffwand, mit drei oder mehreren Bogenstellungen.

Triptychon: s. Flügelaltar.

Trumeau: Pfeiler, der eine Öffnung (Tür, Fenster) unterteilt.

Tympanon: Bogenfeld über einem Portal, meist mit plastischem Schmuck ausgefüllt.

Vierung: Quadratischer Teil der Kirche, in dem sich Lang- u. Querhaus durchdringen.

Weicher Stil: Stilform der deutschen spätgotischen Plastik zwischen 1380 und 1420.

Wimperg: Giebelförmige Zierform über gotischen Portalen und Fenstern.

Bibliographie

Bauch, K. Über die Herkunft der Gotik. Freiburg i. Br. 1939.

Deuchler, F. Gotik. Stuttgart 1970.

Dupont, J. und *Gnudi, C.* Gothic Painting. Genf 1954.

Frankl, P. Gothic Architecture. Harmondsworth 1962.

Gross, W. Die abendländische Architektur um 1300. Stuttgart 1948.

Huizinga, J. Herbst des Mittelalters. Stuttgart 1969.

Huth, H. Künstler und Werkstatt der Spätgotik. Darmstadt 1967.

Jantzen, H. Kunst der Gotik. Klassische Kathedralen Frankreichs. Hamburg 1957.

Pevsner, N. Europäische Architektur von den Anfängen bis zur Gegenwart. München 1957.

Sauer, J. Symbolik des Kirchengebäudes und seiner Ausstattung. Freiburg i. Br. 1924.

Sauerländer, W. Von Sens bis Straßburg. Berlin 1966.

Sedlmayr, H. Die Entstehung der Kathedrale. Zürich 1950.

Simson, O. von Die gotische Kathedrale. Darmstadt 1968.

Swaan, W. Die großen Kathedralen. Köln 1975.

Museen

Chantilly, Musée Condé: 48. Florenz, Santa Maria Novella: 58. Florenz, Uffizien: 57. Köln, Domschatz: 45. München, Alte Pinakothek: 54. Paris, Musée Cluny: 53. Prag, Nationalgalerie: 61. Wien, Kunsthistorisches Museum: 41, 50.

Register

Die kursiven Zahlen sind Abbildungsnummern

Fotonachweis

Almasy: 33. Cauchetier: 4, 5, 8, 9, 11, 25, 27, 29, 31, 39. Foto Marburg: 53. Giraudon: 47. Hassmann: 19, 21, 23, 45. Prag, Nationalgalerie: 61. Pubbliaerfoto: 37. Radnicki: 17. Rizzoli: 34/35, 38, 49, 51, 55, 57. Scala: 15, 59. Sheridan: 7, 12, 13, 43. Wien, Kunsthistorisches Museum: 41.